ASP.NET 2010
웹데이터베이스 프로그래밍

조은석 著

 21세기사

우선 이 책을 선택한 분에게 감사드립니다.

프로그램 만드는 것은 사람에 따라 굉장히 재미 있을 수 있습니다.

경우에 따라 수학만큼 재미 없을 수도 있습니다.

초보자에게는 상당히 어려울 수도 있으며, 에러가 많이 나 중간에 포기도 많이 합니다.

제 책은 단계별로 따라하게 만들었습니다.

초보자의 경우 매뉴얼이나 책을 봐서 쓸만한 프로그램을 만든다는 것은 어렵습니다.

어느 단계까지는 프로그램 만드는 것에 대하여 도움을 받아야 됩니다.

이 책에서는 재미있는 수준별 예제를 만들어 중간 정도 수준까지는 갈 수 있도록 만들었습니다.

중간에 생각도 해 보고, 더 개선할 점이 없는 지 고민도 해보고, 보다 나은 프로그램도 만들어 본다면 3-4개월 후에는 프로그램에 대한 이해와 자신감을 가질 수 있을 거라 생각합니다.

그냥 따라한다면 별로 얻는 것이 없습니다.

하면서 생각하고 또 생각해보면 다른 책들보다 더 도움이 될 수 있을 거라 생각합니다.

좋은 결과 있으면 좋겠습니다.

2014.1

조 은 석

부산과학기술대학교

esjo@bist.ac.kr

목차

제1장 대한민국 보물   9

   1. 대한민국보물폼   11
   1.1 대한민국보물폼 작성   11
     1.2 변환명령버튼 작성   18
     1.3 대한민국보물 프로그램   22
     1.4 대한민국보물폼 실행   24
   2. 대한민국보물2폼   25
     2.1 대한민국보물2 폼 작성   25
     2.2 대한민국보물2폼 프로그램   27
     2.3 대한민국보물2폼 실행   30

제2장 환 전   33

   1. 환전폼   35
     1.1 환전폼 작성   35
     1.2 환전폼 프로그램   38
     1.3 환전폼 실행   39
   2. 일자시간폼   42
     2.1 일자시간폼 작성   42
     2.2 Page_Load() 프로그램   43
     2.3 년도함수 활용   44
     2.4 일자시간폼 작성   46
     2.5 일자시간폼 프로그램   48
     2.6 일자시간 폼 실행   50

제3장 대한민국 국보폼   53

   1. 국보테이블   55
   2. 숭례문폼   60
     2.1 숭례문폼 작성   60
     2.2 숭례문폼 프로그램   63
     2.2 숭례문폼 프로그램   64

2.3 숭례문 폼 실행 66
　　3. 대한민국 국보폼 67
　　　3.1 대한민국 국보폼 작성 67
　　　3.2 대한민국 국보폼 프로그램 69
　　4. 대한민국 국보폼 실행 72

제4장 버킷리스트 75

　　1. 버킷리스트테이블 77
　　2. 버킷리스트폼 78
　　　2.1 버킷리스트폼 작성 78
　　　2.2 버킷리스트 폼 프로그램 81
　　　2.3 버킷리스트폼 실행 86
　　3. 버킷리스트드롭다운리스트폼 89
　　　3.1 버킷리스트드롭다운리스트폼 작성 89
　　　3.2 버킷리스트콤보폼 중간실행 91
　　　3.3 버킷리스트콤보폼 프로그램 94
　　　3.4 버킷리스트콤보폼 실행 97

제5장 다트입력폼 99

　　1. 다트폼 101
　　　1.1 다트폼 작성 101
　　　1.2 다트폼 프로그램 103
　　　1.3 다트폼 실행 106
　　2. 다트계산폼 108
　　　2.1 다트계산폼 작성 108
　　　2.2 다트계산폼 프로그램 110
　　　2.3 다트계산폼 실행 113
　　3. 다트입력폼 116
　　　3.1 다트입력폼 작성 116
　　　3.2 다트입력테이블 117
　　　3.3 다트입력폼 프로그램 118
　　　3.4 다트입력폼 실행 121

제6장 만화사이트폼   125

1. 만화사이트폼   127
  1.1 만화사이트폼 작성   127
  1.2 만화사이트폼 실행   131
2. 캐릭터사이트폼   133
  2.1 캐릭터사이트폼 작성   133
  2.2 캐릭터사이트폼 프로그램   135
  2.3 캐릭터사이트폼 실행   137
3. 컨텐츠사이트폼   139
  3.1 컨텐츠테이블   139
  3.2 컨텐츠사이트폼 작성   140
  3.3 컨텐츠사이트 프로그램   145
  3.4 컨텐츠사이트폼 실행   150

제7장 우리시   153

1. 시테이블   155
2. 우리시 폼   157
  2.1 우리시폼 작성   157
  2.2 우리시폼 프로그램   159
  2.3 우리시폼 실행   163
3. 우리시-검색폼   165
  3.1 우리시-검색폼 작성   165
  3.2 우리시-검색폼 프로그램   166
  3.3 우리시-검색폼 실행   171

제8장 학원관리   175

1. 테이블   177
  1.1 학원생테이블   177
  1.2 등록테이블   178
  1.3 수강료테이블   179
2. 학원생 검색폼   180
  2.1 학원생검색 폼 작성   180
  2.2 학원생 검색폼 프로그램   182
  2.3 학원생검색 폼 실행   185

3. 학원관리폼 187
    3.1 학원관리 폼 작성 187
    3.2 학원관리폼 프로그램 193
    3.3 학원관리 폼 실행 198

제9장 이어도렌트카 201

1. 테이블 203
2. 이어도렌트카폼 205
    2.1 이어도렌트카폼 작성 205
    2.2 이어도렌트카폼 프로그램 207
    2.3 이어도렌트카폼 실행 210
3. 이어도렌트카확인폼 212
    3.1 이어도렌트카확인폼 작성 212
    3.2 이어도렌트카확인폼 프로그램 213
    3.3 이어도렌트카확인폼 실행 219
4. 이어도렌트카예약취소폼 222
    4.1 이어도렌트카예약취소폼 작성 222
    4.2 이어도렌트카예약취소폼 프로그램 224
    4.3 이어도렌트카예약취소폼 실행 230

제10장 IT기기 예약 취소 235

1. 테이블 237
    1.1. IT 기기 테이블 237
    1.2 예약테이블 239
2. 슈퍼컴퓨터폼 241
    2.1 슈퍼컴퓨터 폼 작성 241
    2.2 슈퍼컴퓨터폼 프로그램 244
    2.3 슈퍼컴퓨터예약취소 실행 253
3. IT 기기 예약취소폼 259
    3.1 IT기기 테이블 추가 259
    3.2 IT기기 예약취소 폼 작성 261
    3.3 IT 기기 예약취소폼 프로그램 263
    3.4 IT기기 예약취소폼 실행 274

제11장 블루레스토랑   279

1. 테이블   281
  1.1 메뉴테이블   281
  1.2 주문테이블   282
2. 블루레스토랑 폼   283
  2.1 블루레스토랑 폼 작성   283
  2.2 블루레스토랑폼 프로그램   285
  2.3 블루레스토랑폼 실행   290
3. 블루레스토랑 주문폼   291
  3.1 블루레스토랑 주문 폼 작성   291
  3.2 블루레스토랑 주문폼 프로그램   294
  3.3 블루레스토랑주문폼 실행   303

제12장 스마트게시판폼   309

1. 일정관리 테이블   311
2. 스마트게시판폼   312
  2.1 스마트게시판폼 작성   312
  2.2 스마트게시판폼 프로그램   319
  2.3 스마트게시판폼 실행   324
3. 상세일정폼   326
  3.1 상세일정폼 작성   326
  3.2 상세일정폼 프로그램   328
  3.3 상세일정폼 실행   330

제13장 독도신도시   333

1. 상가테이블   335
2. 독도신도시폼   336
  2.1 독도신도시폼 작성   336
  2.2 독도신도시폼 프로그램   339
  2.3 독도신도시폼 실행   342
3. 독도신도시상가폼   346
  3.1 독도신도시상가폼 작성   346
  3.2 독도신도시상가폼 프로그램   348
  3.3 독도신도시상가폼 실행   351

제1장
대한민국 보물

ASP.NET 2010

폼에서 독도레이블과 변환명령버튼을 작성한다. 이 후 변환명령버튼을 클릭하면 훈민정음으로 변환되고, 또 클릭하면 독도로 계속적으로 변환하는 프로그램을 작성한다.

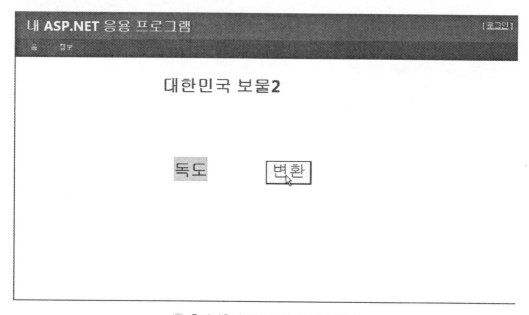

▶ 훈민정음이 독도로 변한 것을 확인

주요점

1. 모든프로그램-Microsoft Visual Studio 2010-Microsoft Visual Studio 2010

2. 새 프로젝트창

3. 도구상자에서 Label을 선택

4. 레이블의 속성창의 ID

5. Text 속성

6. ForeColor

7. Font

8. BackColor

9. 명령버튼

10. HTML코드

11. Protected Sub 변환_Click( )

12. 보물.Text = "훈민정음"

13. If 보물.Text = "독도" Then

1. 대한민국보물폼

1.1 대한민국보물폼 작성

① 프로그램을 시작하려면 모든프로그램-Microsoft Visual Studio 2010-Microsoft Visual Studio 2010을 차례로 클릭한다.

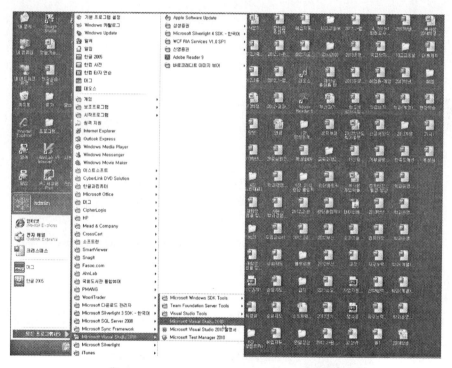

⊚ Microsoft Visual Studio 2010을 차례로 클릭

② 해당 부분을 보기 좋도록 부분 확대한 그림이다.

⊚ 해당 부분을 보기 좋도록 부분 확대한 그림

③ 비주얼스튜디오 초기화면이다. 프로젝트를 시작하려면 좌측 상단의 "새 프로젝트"를
클릭한다.

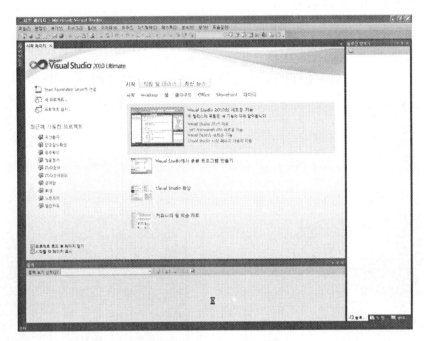

▶ 비주얼스튜디오 초기화면

④ 웹 프로그램을 작성하려면 새 프로젝트창에서 Visual Basic 하에서 "웹"을 선택한다.

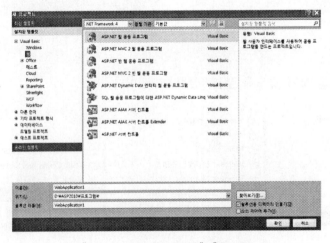

▶ Visual Basic 하에서 "웹"을 선택

⑤ 이름난에 "대한민국보물"을 입력한 후, 확인버튼을 클릭한다.

▶ 이름난에 "대한민국보물"을 입력한 후, 확인버튼을 클릭

⑥ 웹 폼 초기화면으로 웹 폼을 만들 수 있는 화면이다.

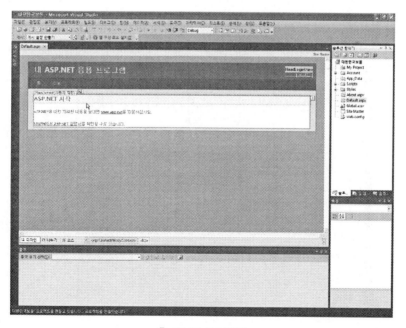

▶ 웹 폼 초기화면

⑦ 제목 "대한민국보물"을 입력한다.

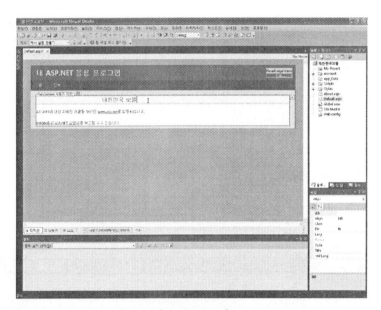

▶ 제목 "대한민국보물"을 입력

⑧ 제목을 선택하여 글자크기등을 확대할 수 있다.

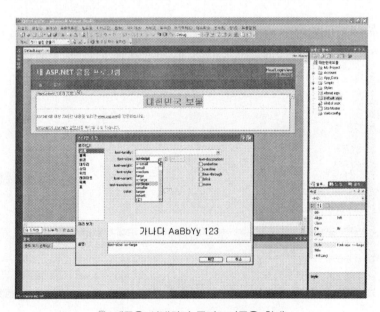

▶ 제목을 선택하여 글자크기등을 확대

⑨ 도구상자에서 Label을 선택하여 폼에 위치시킨다.

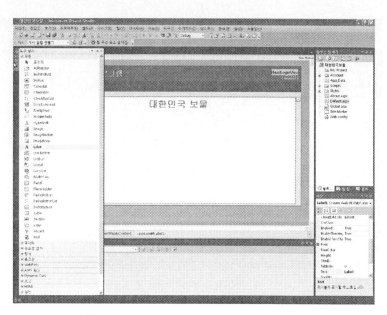

▶ 도구상자에서 Label을 선택하여 폼에 위치

⑩ 레이블이 폼에 위치한 화면이다.

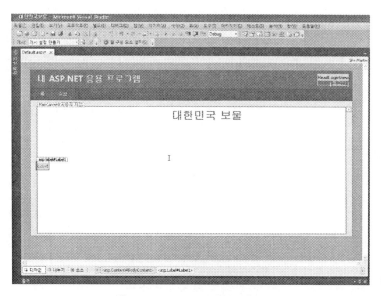

▶ 레이블이 폼에 위치한 화면

⑪ 레이블의 속성창의 ID난을 이용하여 레이블의 이름 "보물"로 지정한다.

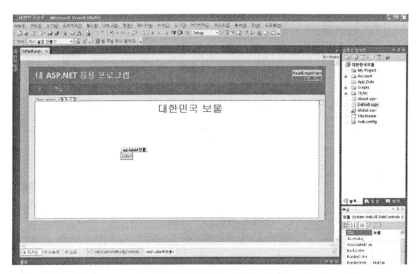

⑩ 레이블의 이름 "보물"를 지정

도움말 프로그램에서 보물이라고하면 이 레이블을 지칭하는 것이다.

⑫ Text 속성난을 이용하여 레이블에 글자 "독도"를 표시할 수 있다.

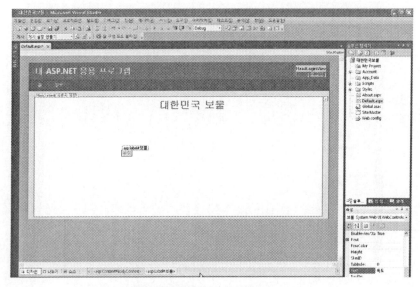

⑩ Text 속성난을 이용하여 레이블에 글자 "독도"를 표시

⑬ ForeColor난을 클릭하여 글자의 색상을 지정한다.

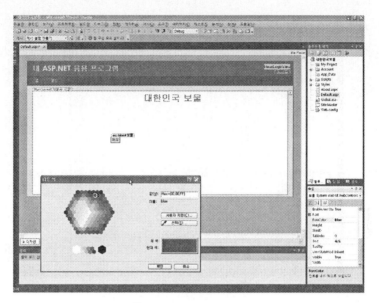

▶ ForeColor난을 클릭

⑭ Font난을 클릭하여 글자크기를 조절할 수 있다.

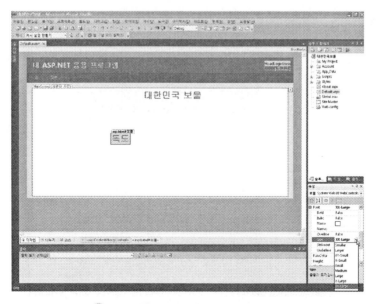

▶ Font난을 클릭하여 글자크기를 조절

⑮ BackColor난을 클릭하여 바탕색상을 지정한다.

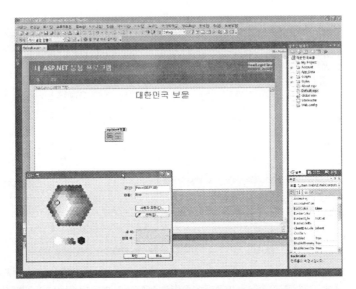

▶ BackColor난을 클릭하여 바탕색상을 지정

1.2 변환명령버튼 작성

명령버튼을 이용하여 변환명령버튼을 작성한다.

① 도구상자에서 명령버튼을 선택하여 폼에 위치시킨다.

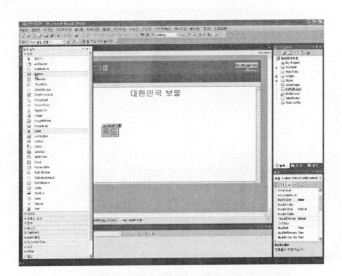

▶ 도구상자에서 명령버튼을 선택하여 폼에 위치

② 명령버튼이 폼에 위치한 화면이다.

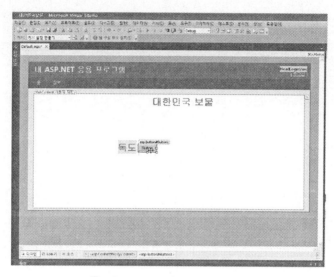

▶ 명령버튼이 폼에 위치한 화면

③ 명령버튼의 이름을 ID난을 이용하여 "변환"으로 지정한다.

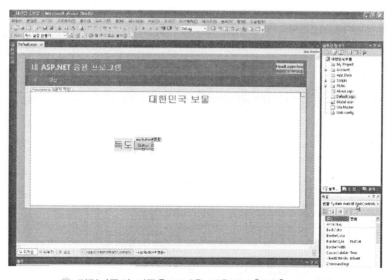

▶ 명령버튼의 이름을 ID난을 이용하여 "변환"으로 지정

🏷 **도움말** 그러면 이 명령버튼의 이름은 "변환"이 된다. 프로그램에서 변환이라고 하면 이 명령버튼이다.

④ Text 속성난을 이용하여 명령버튼의 글자를 "변환"으로 지정한다.

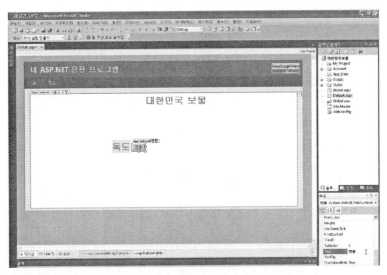

▶ Text 속성난을 이용하여 명령버튼의 글자를 "변환"으로 지정

⑤ 명령버튼의 위치를 보기 좋은 장소로 이동시킨다.

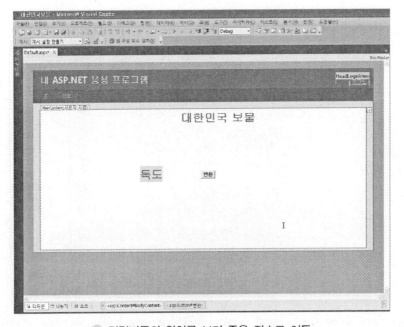

▶ 명령버튼의 위치를 보기 좋은 장소로 이동

⑥ 글자크기, 색상등을 조절하여 보기 좋게 변환한다.

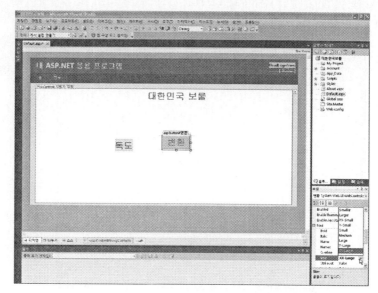

▶ 글자크기, 색상등을 조절하여 보기 좋게 변환

⑦ 추가로 바탕색상의 색상도 보기 좋게 변환한다.

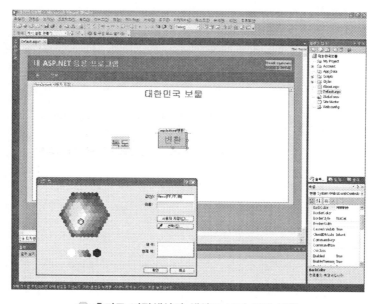

▶ 추가로 바탕색상의 색상도 보기 좋게 변환

⑧ 현재까지 폼 작업한 내용이 HTML코드로 변환된 것을 확인할 수 있다. 웹 폼 작업에
서 고급한 작업이 아닌 경우에는 HTML 코드를 몰라도 작업가능하다.

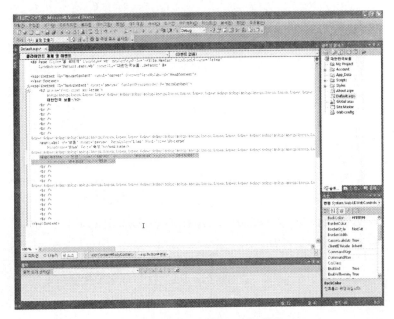

▶ HTML코드로 변환된 것을 확인

1.3 대한민국보물 프로그램

① 웹 폼화면에서 변환명령버튼을 더블클릭하면 Protected Sub 변환_Click() 프러시저
작성화면을 확인할 수 있다.

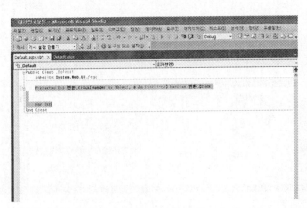

▶ Protected Sub 변환_Click() 프러시저 작성화면을 확인

② Protected Sub 변환_Click() 프러시저 작성화면만을 확대한 화면이다.

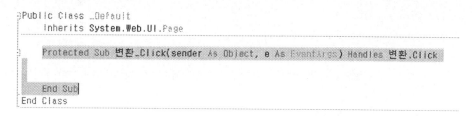

```
Public Class _Default
    Inherits System.Web.UI.Page

    Protected Sub 변환_Click(sender As Object, e As EventArgs) Handles 변환.Click

    End Sub
End Class
```

▶ Protected Sub 변환_Click() 프러시저 작성화면만을 확대한 화면

③ 이 프러시저안에 프로그램을 한 줄 입력한다. 변환명령버튼을 클릭하면 이 프러시저 안의 명령문들이 실행된다.

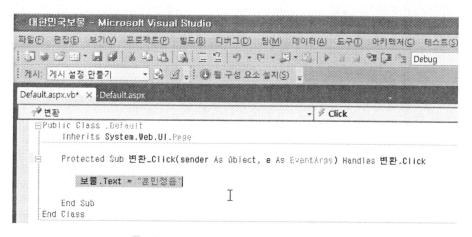

▶ 이 프러시저안에 프로그램을 한 줄 입력

④ 보물레이블의 글자를 "훈민정음"으로 바꾸라는 명령문이다.

$$\boxed{보물.Text = "훈민정음"}$$

▶ 보물레이블의 글자를 "훈민정음"으로 바꾸라는 명령문

도움말 처음의 보물레이블의 글자는 독도이다. 이를 클릭하면 훈민정음으로 변하는 프로그램이다.

프로그램 🔍 | 대한민국보물 프로그램

```
Public Class _Default
    Inherits System.Web.UI.Page

    Protected Sub 변환_Click(sender As Object, e As EventArgs) Handles 변환.Click

        보물.Text = "훈민정음"

    End Sub
End Class
```

1.4 대한민국보물폼 실행

한 번 변환하는 단순한 프로그램이다. 하지만 훌륭히 동작한다.

① 대한민국보물폼 초기화면이다.

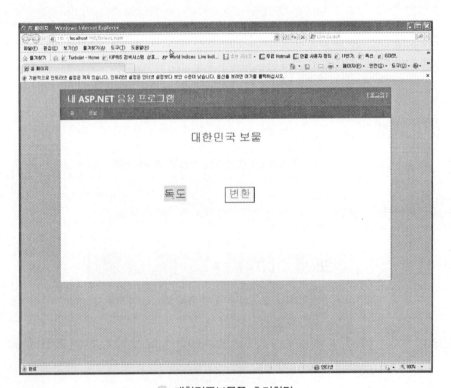

◉ 대한민국보물폼 초기화면

② 변환명령버튼을 클릭하면 "독도"가 "훈민정음"으로 변환된 것을 확인할 수 있다.

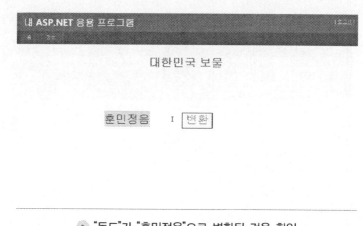

▶ "독도"가 "훈민정음"으로 변환된 것을 확인

2. 대한민국보물2폼

2.1 대한민국보물2 폼 작성

앞에서는 한 번만 변환하였다. 그 다음 동작은 없어 불편한 폼이었다. 여기서는 계속 동작하는 프로그램을 작성하여 보자.

① 새 프로젝트창의 이름난에 "대한민국보물2"를 입력한 후, 확인버튼을 클릭한다.

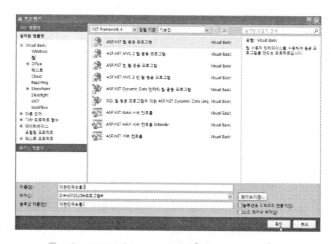

▶ 새 프로젝트창의 이름난에 "대한민국보물2"를 입력

② 폼 디자인 초기화면이다.

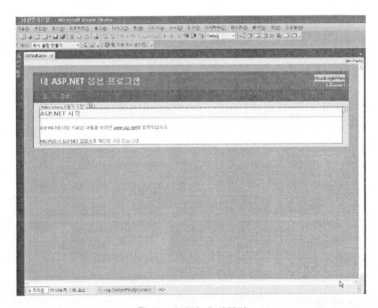

▶ 폼 디자인 초기화면

③ 폼 디자인은 앞의 대한민국보물과 동일하므로 이를 복사하여 사용한다.

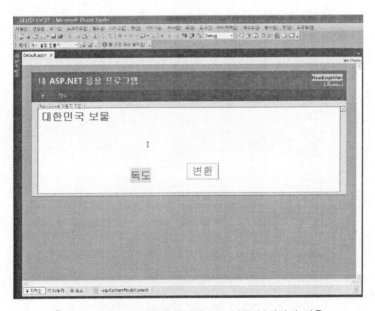

▶ 앞의 대한민국보물과 동일하므로 이를 복사하여 사용

④ 보기 좋도록 수정하고 제목을 대한민국보물2로 고친다.

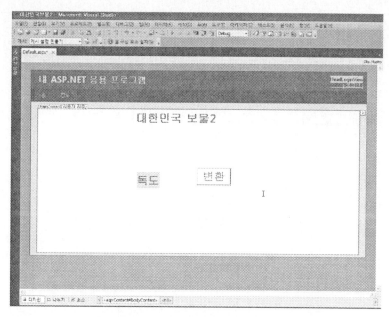

▶️ 보기 좋도록 수정하고 제목을 대한민국보물2로 변경

2.2 대한민국보물2폼 프로그램

① 앞에서와 마찬가지로 Protected Sub 변환_Click() 프러시저를 활용하여 프로그램을 작성한다.

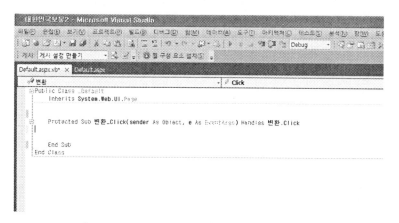

▶️ Protected Sub 변환_Click() 프러시저를 활용

② 현재 상태를 체크할 수 있는 If 명령문을 이용하여 프로그램 작성한다.

```
변환                                          Click
Public Class _Default
    Inherits System.Web.UI.Page

    Protected Sub 변환_Click(sender As Object, e As EventArgs) Handles 변환.Click

        If 보물.Text = "독도" Then

            보물.Text = "훈민정음"

        End If

    End Sub
End Class
```

▶ 현재 상태를 체크할 수 있는 If 명령문을 이용

③ 완성된 대한민국보물2 프로그램화면이다.

```
Default.aspx.vb* ×  Default.aspx
변환                                          Click
Public Class _Default
    Inherits System.Web.UI.Page

    Protected Sub 변환_Click(sender As Object, e As EventArgs) Handles 변환.Click

        If 보물.Text = "독도" Then

            보물.Text = "훈민정음"

        Else

            보물.Text = "독도"

        End If

    End Sub
End Class
```

▶ 완성된 대한민국보물2 프로그램화면

④ If 보물.Text = "독도" Then

보물레이블의 글자를 체크하여 "독도"이면 Then 아래의 명령문이 실행된다.

Else

위에서 체크하여 "독도"가 아니면 Else 아래의 명령문이 실행된다.

⑤ 보물.Text = "독도"

Else 아래의 명령문으로 보물레이블의 글자를 훈민정음에서 독도로 변환한다.

프로그램 🔍 | 대한민국보물2 프로그램

```
Public Class _Default
    Inherits System.Web.UI.Page


    Protected Sub 변환_Click(sender As Object, e As EventArgs) Handles 변환.
Click

        If 보물.Text = "독도" Then

            보물.Text = "훈민정음"


        Else

            보물.Text = "독도"

        End If

    End Sub
End Class
```

2.3 대한민국보물2폼 실행

① 대한민국보물2 초기화면이다. 변환버튼을 클릭한다.

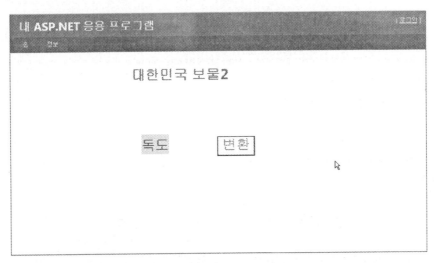

▶ 대한민국보물2 초기화면

② 훈민정음으로 변한 것을 확인할 수 있다. 다시 변환버튼을 클릭한다.

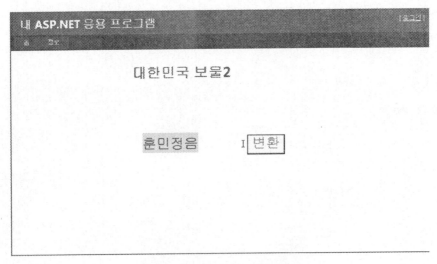

▶ 훈민정음으로 변한 것을 확인

③ 훈민정음이 독도로 변한 것을 확인할 수 있다. 변환명령버튼을 클릭하면 계속적으로 변한다.

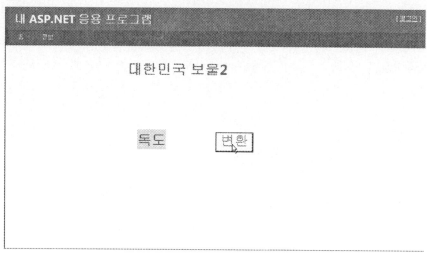

▶ 훈민정음이 독도로 변한 것을 확인

제2장
환 전

월명령버튼을 클릭하면 "11월"을 폼화면에 표시한다.

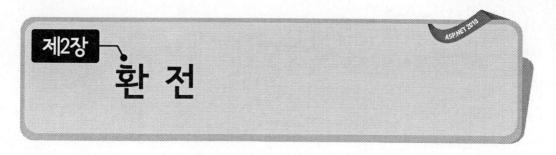

일자시간

2013-11-09
오후 1:50:00

년도

월   11 월

일

▶ "11월"을 폼화면에 표시

주요점

1. 금액텍스트박스
2. CInt(금액.Text)
3. Format(i / 1064, "standard")
4. Page_Load()화면
5. btn.Text
6. Select Case btn.Text End Select

1. 환전폼

1.1 환전폼 작성

① 새 프로젝트창에서 이름난에 환전을 입력한 후 확인버튼을 클릭한다.

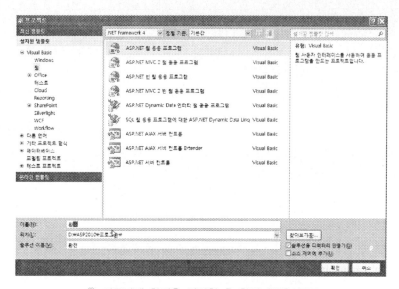

▶ 이름난에 환전을 입력한 후 확인버튼을 클릭

② 도구상자에서 텍스트박스를 가져와 금액텍스트박스를 작성한다.

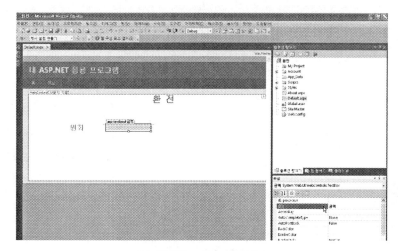

▶ 금액텍스트박스를 작성

③ 금액텍스트박스를 보기 좋도록 글자크기등을 조절한다.

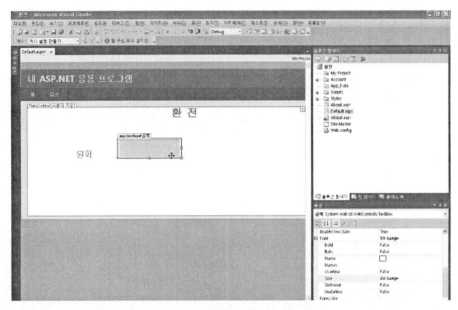

▶ 보기 좋도록 글자크기등을 조절

④ 환전할 수 있도록 명령버튼을 이용하여 환전버튼을 작성한다.

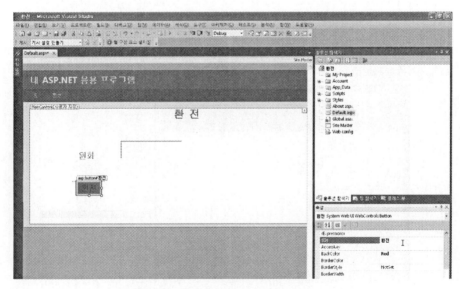

▶ 명령버튼을 이용하여 환전버튼을 작성

⑤ 환전한 달러를 표시할 수 있도록 레이블을 이용하여 달러레이블을 작성한다.

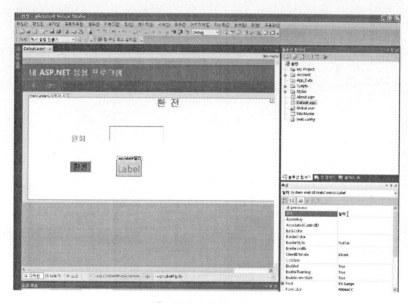

▶ 달러레이블을 작성

⑥ 사용자가 알기 쉽도록 달러로 표시한다.

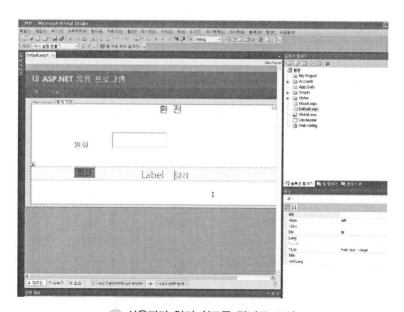

▶ 사용자가 알기 쉽도록 달러로 표시

1.2 환전폼 프로그램

① 환전명령버튼을 더블클릭하면 프로그램을 작성할 수 있는 화면이 나타난다.

▶ 프로그램을 작성할 수 있는 화면

② 환전명령버튼을 클릭하였을 때 동작하는 환전_Click 프러시저화면이다.

```
Public Class _Default
    Inherits System.Web.UI.Page

    Protected Sub 환전_Click(sender As Object, e As EventArgs) Handles 환전.Click
        Dim i As Integer

        i = CInt(금액.Text)

        달러.Text = Format(i / 1064, "standard")


    End Sub
End Class
```

▶ 환전_Click 프러시저화면

③ i = CInt(금액.Text)

금액텍스트박스에 입력한 금액을 계산할 수 있도록 정수형으로 전환한다.

④ 달러.Text = Format(i / 1064, "standard")

금액을 달러로 환산한 후 standard 형식으로 표현한다.

```
Public Class _Default
    Inherits System.Web.UI.Page


    Protected Sub 환전_Click(sender As Object, e As EventArgs) Handles 환전.
Click
        Dim i As Integer

        i = CInt(금액.Text)

        달러.Text = Format(i / 1064, "standard")



    End Sub
End Class
```

1.3 환전폼 실행

① 환전폼 초기화면이다.

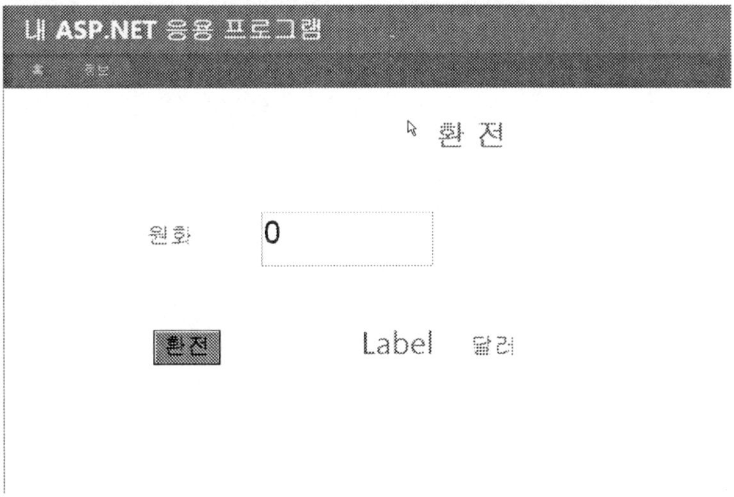

▶ 환전폼 초기화면

② 금액난에 500000원을 입력한 후, 환전버튼을 클릭하며 469.92로 standard 형식으로 환전금액을 표시한다. 소숫점 둘째자리까지 표시한다.

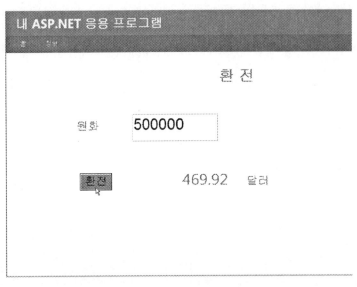

▶ 469.92로 standard 형식으로 환전금액을 표시

③ 750000만원을 환전하면 704.89로 환전금액을 표시한다.

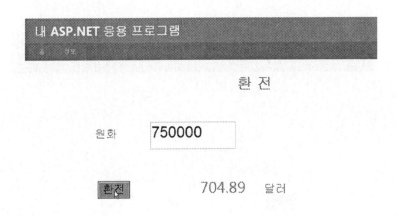

▶ 704.89로 환전금액을 표시

④ 1500000을 입력한 후, 환전버튼을 클릭하면 1,409.77 달러로 환전금액을 표시한다.
standard 형식을 알 수 있는 화면이다.

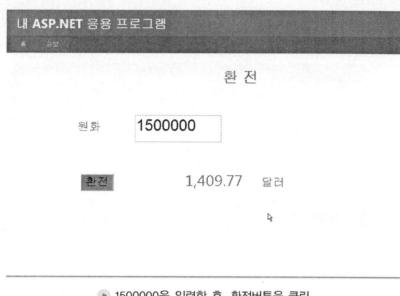

▶ 1500000을 입력한 후, 환전버튼을 클릭

2. 일자시간폼

2.1 일자시간폼 작성

① 새 프로젝트창에서 이름난에 일자시간을 입력한다.

▶ 이름난에 일자시간을 입력

② 일자와 시간을 표시할 수 있도록 일자와 시간레이블을 각각 작성한다.

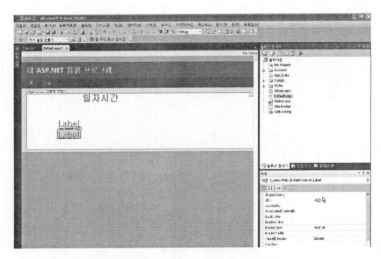

▶ 일자와 시간레이블을 각각 작성

2.2 Page_Load() 프로그램

① 일자와 시간을 표시하는 Page_Load()화면이다.

```
Public Class _Default
    Inherits System.Web.UI.Page

    Protected Sub Page_Load(ByVal sender As Object, ByVal e As System.EventArgs) Handles Me.Load

        일자.Text = Today

        시간.Text = TimeOfDay

    End Sub
End Class
```

▶ Page_Load()화면

② 웹 페이지를 호출하면 현재 일자와 시간을 표시한다.

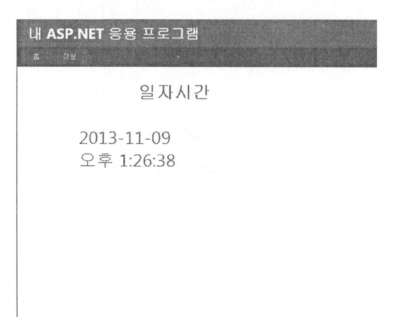

▶ 웹 페이지를 호출하면 현재 일자와 시간을 표시

2.3 년도함수 활용

① 현재 년도만 표시할 수 있는 년도명령버튼을 작성한다.

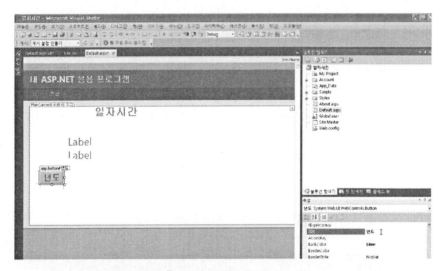

▶ 년도명령버튼을 작성

② 함수로 전환된 값을 표시하는 일표시레이블을 작성한다.

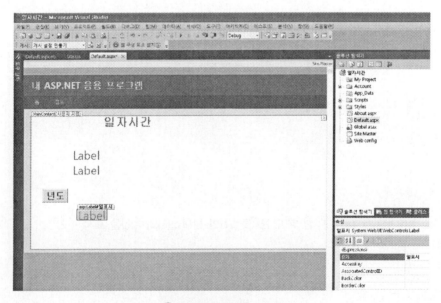

▶ 일표시레이블을 작성

③ 년도_Click() 프러시저화면이다.

```
Public Class _Default
    Inherits System.Web.UI.Page

    Protected Sub Page_Load(ByVal sender As Object, ByVal e As System.EventArgs) Handles Me.Load

        일자.Text = Today

        시간.Text = TimeOfDay


    End Sub

    Protected Sub 년도_Click(sender As Object, e As EventArgs) Handles 년도.Click

        일표시.Text = Year(Today) & "    년"

    End Sub
End Class
```

▶ 년도_Click() 프러시저화면

④ 일자시간폼 초기화면이다.

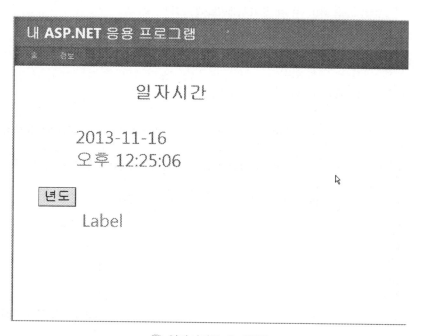

▶ 일자시간폼 초기화면

⑤ 년도명령버튼을 클릭하면 일표시레이블에 "2013년"을 표시한다.

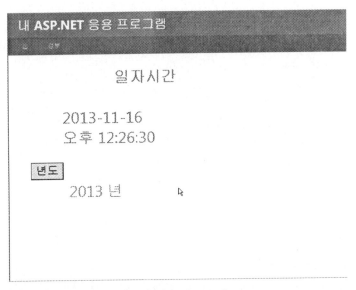

▶ 일표시레이블에 "2013년"을 표시

2.4 일자시간폼 작성

① 월과 일을 표시할 수 있도록 월, 일명령버튼을 작성한다.

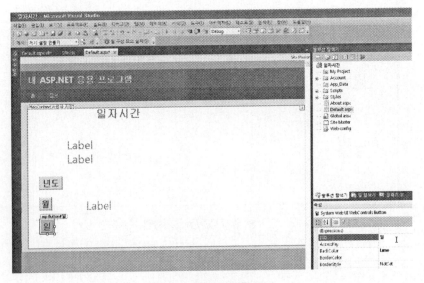

▶ 월, 일명령버튼을 작성

② 각각의 프러시저를 작성하지 않고, 서로 유사한 부분이 많으므로 월명령버튼을 클릭
하였을 때 년도_Click() 프러시저를 사용하도록 이벤트난에서 년도_Click()을 선택
한다.

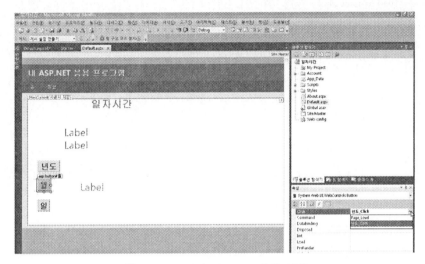

▶ 이벤트난에서 년도_Click()을 선택

③ 같은 방식으로 일명령버튼을 클릭하였을 때도 년도_Click() 프러시저를 사용하도록
이벤트난에서 년도_Click()을 선택한다.

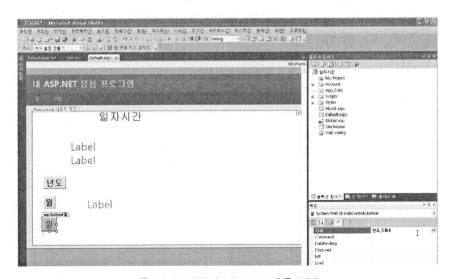

▶ 이벤트난에서 년도_Click()을 선택

2.5 일자시간폼 프로그램

① 년도_Click()을 활용하는 전체프로그램이다.

```
Public Class _Default
    Inherits System.Web.UI.Page

    Protected Sub Page_Load(ByVal sender As Object, ByVal e As System.EventArgs) Handles Me.Load

        일자.Text = Today

        시간.Text = TimeOfDay

    End Sub

    Protected Sub 년도_Click(sender As Object, e As EventArgs) Handles 년도.Click, 월.Click, 일.Click

        Dim btn As Button

        btn = sender

        Select Case btn.Text
            Case "년도"
                일표시.Text = Year(Today) & "    년"

            Case "월"
                일표시.Text = Month(Today) & "    월"

            Case "일"
                일표시.Text = Day(Today) & "    일"

        End Select


    End Sub
End Class
```

▶ 년도_Click()을 활용하는 전체프로그램

② Dim btn As Button

   btn = sender

   명령버튼을 정의한다.

③ btn.Text

   클릭한 명령버튼의 텍스트값으로 어떤 버튼을 클릭하였는지 알 수 있다.

④ Select Case btn.Text

        Case "년도"

           일표시.Text = Year(Today) & "   년"

        Case "월"

           일표시.Text = Month(Today) & "   월"

```
        Case "일"
            일표시.Text = Day(Today) & "    일"

    End Select
```

클릭한 버튼의 텍스트값으로 구분하여 년도와 월, 일등을 폼에 표시한다.

프로그램 Q | 일자시간 프로그램

```
Public Class _Default
    Inherits System.Web.UI.Page

    Protected Sub Page_Load(ByVal sender As Object, ByVal e As System.EventArgs)
Handles Me.Load

        일자.Text = Today

        시간.Text = TimeOfDay


    End Sub

    Protected Sub 년도_Click(sender As Object, e As EventArgs) Handles 년도.
Click, 월.Click, 일.Click

        Dim btn As Button

        btn = sender

        Select Case btn.Text

            Case "년도"
                일표시.Text = Year(Today) & "    년"

            Case "월"
                일표시.Text = Month(Today) & "    월"
```

```
        Case "일"
            일표시.Text = Day(Today) & "   일"


    End Select




    End Sub
End Class
```

2.6 일자시간 폼 실행

① 일자시간폼 초기화면이다.

일자시간

2013-11-09
오후 1:49:20

   Label

---

▶ 일자시간폼 초기화면

② 년도명령버튼을 클릭하면 "2013년"을 폼화면에 표시한다.

내 **ASP.NET** 응용 프로그램

홈 정보

일자시간

2013-11-09
오후 1:49:41

| 년도 |
| 월 | 2013 년
| 일 |

▶ "2013년"을 폼화면에 표시

③ 월명령버튼을 클릭하면 "11월"을 폼화면에 표시한다.

내 **ASP.NET** 응용 프로그램

홈 정보

일자시간

2013-11-09
오후 1:50:00

| 년도 |
| 월 | 11 월
| 일 |

▶ "11월"을 폼화면에 표시

④ 일명령버튼을 클릭하면 "9일"을 폼화면에 표시한다.

일자시간

2013-11-09
오후 1:50:18

   9 일

▶ "9일"을 폼화면에 표시

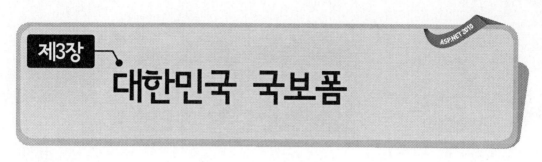

제3장
대한민국 국보폼

석굴암명령버튼을 클릭하면 석굴암_Click 프러시저를 동작시키는 것이 아니라, 이 폼에서 공통적으로 사용하는 숭례문_Click 프러시저를 동작시켜, 국보테이블에서 석굴암정보를 검색하여 석굴암정보를 폼화면에 표시한다.

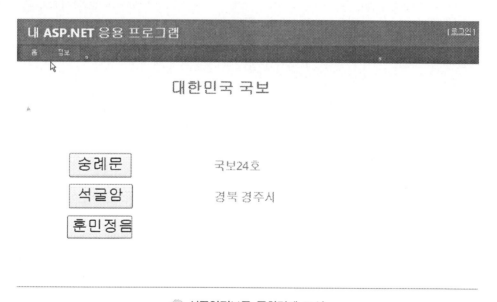

▶ 석굴암정보를 폼화면에 표시

주요점

1. 테이블 작성

2. 프로젝트 -참조추가

3. Microsoft ActiveX Data Objext 2.8 Library

4. cn.Open("Provider=Microsoft.ACE.OLEDB.12.0;Data Source=d:\ASP2010\데이터베이스
   \국보.accdb")

5. strsql = "select * from 국보"
   strsql = strsql & " where 이름 = '숭례문'"
   rs.Open(strsql)

6. 국보.Text = rs.Fields!국보.Value

7. Protected Sub 숭례문__Click(sender As Object, e As EventArgs) Handles 숭례문.Click, 석굴
   암.Click, 훈민정음.Click

8. Dim selbutton As Button

9. selbutton = sender

10. strsql = "select * from 국보"
    strsql = strsql & " where 이름 ="" & selbutton.Text & """

1. 국보테이블

① 오피스 초기화면에서 새 데이터베이스를 클릭한다.

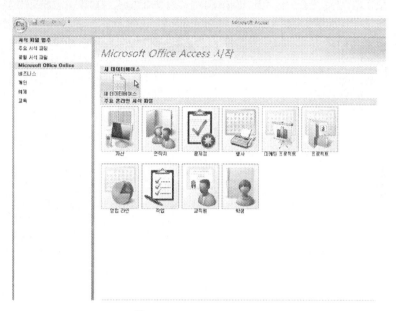

🔹 새 데이터베이스를 클릭

② 데이터베이스가 위치할 경로를 지정한다.

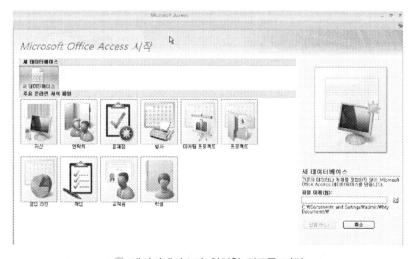

🔹 데이터베이스가 위치할 경로를 지정

③ 새 데이터베이스 파일창에서 파일이름난에 데이터베이스 이름 "국보"를 입력하고 확
  인버튼을 클릭한다.

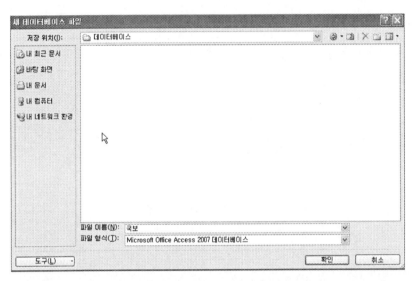

◉ 데이터베이스 이름 "국보"를 입력

④ 파일이름난에 "국보.accdb"가 입력된 것을 확인한 후, 만들기버튼을 클릭한다.

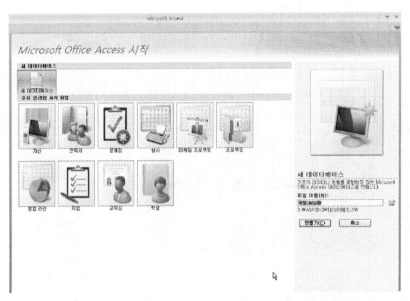

▶ "국보.accdb"가 입력된 것을 확인한 후, 만들기버튼을 클릭

⑤ 데이터베이스가 만들어지고, 테이블 열기창이 표시된다.

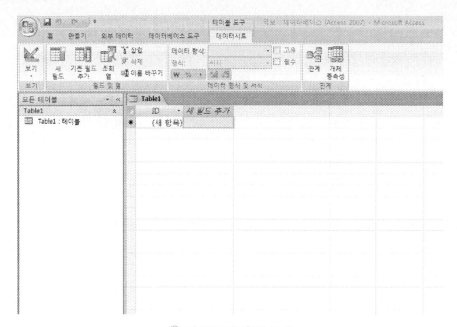

▶ 테이블 열기창이 표시

⑥ 처음레코드로 국보1호인 숭례문정보를 입력한다.

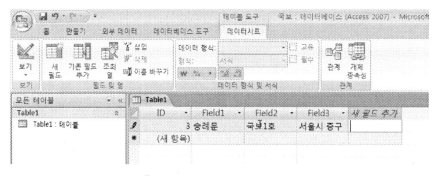

▶ 국보1호인 숭례문정보를 입력

⑦ 필드의 이름을 각각 "이름", "국보", "위치"로 입력한다.

▶ "이름", "국보", "위치"로 입력

⑧ 테이블에 숭례문, 석굴암, 훈민정음의 국보정보를 입력한다.

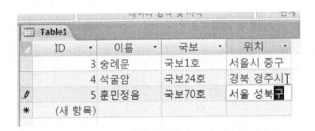

ID	이름	국보	위치
3	숭례문	국보1호	서울시 중구
4	석굴암	국보24호	경북 경주시
5	훈민정음	국보70호	서울 성북구
(새 항목)			

▶ 숭례문, 석굴암, 훈민정음의 국보정보를 입력

⑨ 우측 상단의 X를 클릭하여 테이블 정보입력 작업을 완료한다.

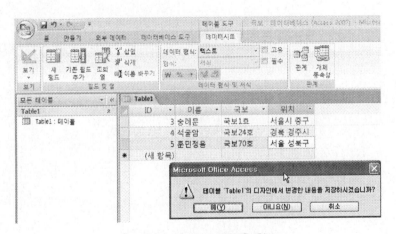

▶ 테이블 정보입력 작업을 완료

⑩ 다른 이름으로 저장창을 이용하여 테이블 이름을 "국보"로 지정한다.

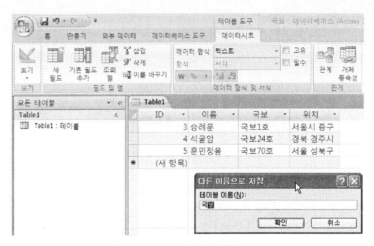

▶ 테이블 이름을 "국보"로 지정

⑪ 국보테이블이 만들어진 것을 확인할 수 있다. 테이블내용을 확인하려면 국보테이블을 더블클릭한다.

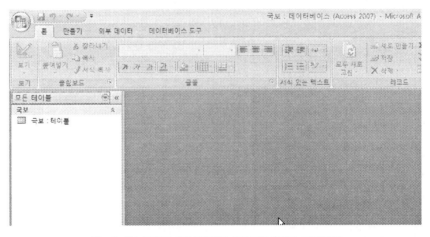

▶ 테이블내용을 확인하려면 국보테이블을 더블클릭

⑫ 국보테이블 내용을 확인할 수 있다.

▶ 국보테이블 내용을 확인

2. 숭례문폼

2.1 숭례문폼 작성

① 새 프로젝트창에서 이름난에 "대한민국국보"를 입력한 후, 확인버튼을 클릭한다.

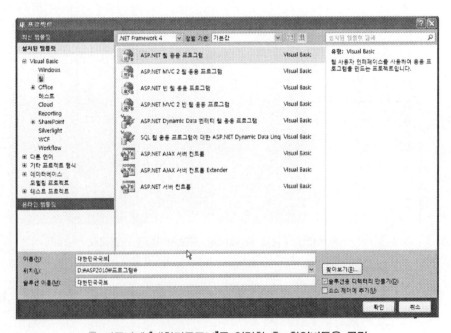

▶ 이름난에 "대한민국구보"를 입력한 후, 확인버튼을 클릭

② 폼 디자인화면에서 레이블을 이용하여 "대한민국 국보"를 작성한다.

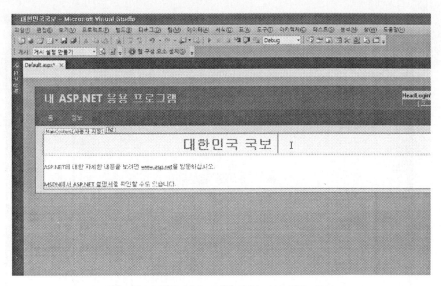

▶ 레이블을 이용하여 "대한민국 국보"를 작성

③ 명령버튼을 이용하여 "숭례문" 명령버튼을 작성한다. 폼 실행화면에서 숭례문 명령
버튼을 클릭하면 국보.accdb의 국보테이블을 검색하여, 숭례문정보를 찾아 폼화면
에 숭례문정보를 표시할 예정이다.

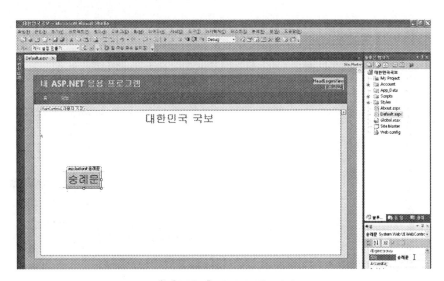

▶ "숭례문" 명령버튼을 작성

62 Q ASP.NET 2010 웹데이터베이스 프로그래밍

④ 숭례문의 국보정보를 표시할 수 있도록 레이블을 이용하여 국보레이블을 작성한다.

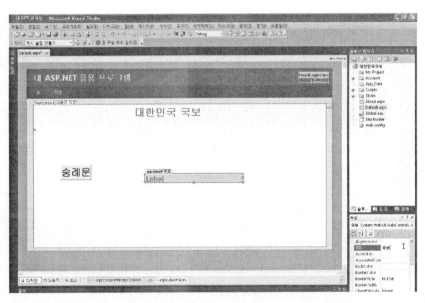

▶ 국보레이블을 작성

⑤ 같은 방식으로 위치레이블을 작성한다.

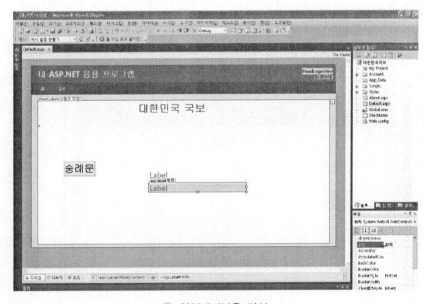

▶ 위치레이블을 작성

2.2 숭례문폼 프로그램

① 폼디자인 화면에서 숭례문버튼을 더블클릭하면 숭례문_Click() 프러시저를 작성할 수 있는 화면이 나타난다.

▶ 숭례문_Click() 프러시저를 작성할 수 있는 화면

② 데이터베이스 프로그램을 작성하는 경우에는 프로그램 작성화면에서 프로젝트 −참조추가를 클릭하여 참조추가창을 호출한다. 참조추가창에서 Microsoft ActiveX Data Objext 2.8 Library를 선택한다.

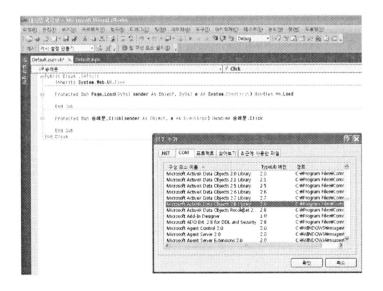

2.2 숭례문폼 프로그램

① cn.Open("Provider=Microsoft.ACE.OLEDB.12.0;Data Source=d:\ASP2010 \데이터베이스\국보.accdb")

프로그램에서 사용할 데이터베이스의 경로를 지정하는 명령문이다. 자신의 데이터베이스가 위치한 경로를 지정하는 명령문으로 데이터베이스 위치에 따라 경로 지정이 달라진다.

② strsql = "select * from 국보"

strsql = strsql & " where 이름 = '숭례문'"

rs.Open(strsql)

국보테이블에서 이름이 "숭례문"인 레코드를 검색하는 명령문이다.

③ 국보.Text = rs.Fields!국보.Value

위치.Text = rs.Fields!위치.Value

검색한 레코드의 국보필드값을 폼 화면의 국보레이블, 위치필드에 들어 있는 값을 위치레이블에 각각 표시한다.

> **프로그램** 🔍 | 숭례문 프로그램

```
Public Class _Default
    Inherits System.Web.UI.Page
    Dim cn As ADODB.Connection
    Dim rs As ADODB.Recordset

    Dim strsql As String

''''''''''''''''''''''''''''''''''''''''''''''''''''''''''''''''''
    '  프로그램 : 대한민국국보 검색
    '
    '  설    명 : 1. 국보이름으로 국보정보를 검색하는 프로그램
    '
    '
    '  작성일자 : 2013년 7월  3일
    '
```

```
'   테이블   : 국보.accdb - 국보테이블
''' '''''''''''''''''''''''''''''''''''''''''''''''''''''''''''''
Protected Sub Page_Load(ByVal sender As Object, ByVal e As System.EventArgs)
Handles Me.Load

    '
    ' 사용할 데이터베이스를 지정
    '
    cn = New ADODB.Connection
    cn.Open("Provider=Microsoft.ACE.OLEDB.12.0;Data  Source=d:\ASP2010
\데이터베이스\국보.accdb")

    rs = New ADODB.Recordset
    rs.ActiveConnection = cn

End Sub

Protected Sub 숭례문_Click(sender As Object, e As EventArgs) Handles 숭례
문.Click
    '''''''''''''''''''''''''''''''''''''''''''''
    ' 국보명을 이용하여 국보정보를 검색
    '
    '''''''''''''''''''''''''''''''''''''''''''''

    strsql = "select * from 국보 "
    strsql = strsql & " where 이름 = '숭례문'"

    rs.Open(strsql)

    '
    ' 검색한 정보를 폼에 표시
    국보.Text = rs.Fields!국보.Value
    위치.Text = rs.Fields!위치.Value

End Sub
End Class
```

2.3 숭례문 폼 실행

① 숭례문 폼 초기화면이다.

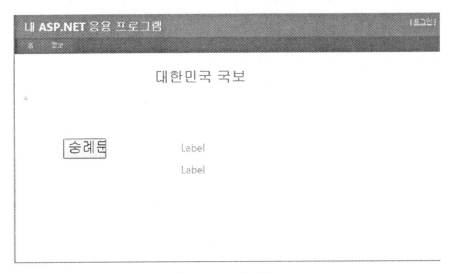

▶ 숭례문 폼 초기화면

② 숭례문버튼을 클릭하면 국보.accdb의 국보테이블에서 숭례문정보를 찾아 숭례문 폼 화면에 숭례문정보를 표시한다.

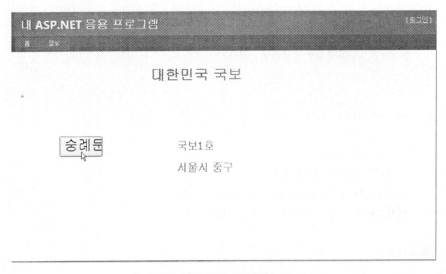

▶ 숭례문 폼화면에 숭례문정보를 표시

3. 대한민국 국보폼

3.1 대한민국 국보폼 작성

① 현재 숭례문만 있는 것이 아니라 다른 국보정보도 검색할 필요가 있어 명령버튼을
추가한 후, 검색해 보자.

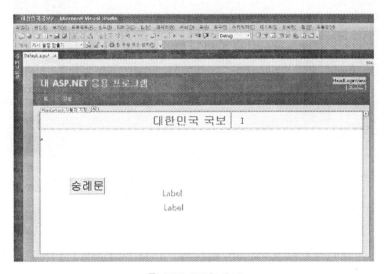

▶ 명령버튼을 추가

② 숭례문명령버튼을 복사하여 석굴암 명령버튼을 작성한다.

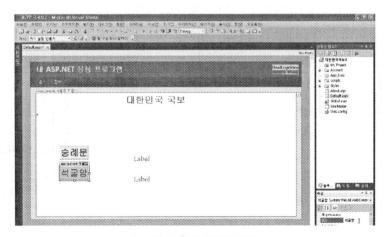

▶ 석굴암 명령버튼을 작성

③ 같은 방식으로 훈민정음 명령버튼을 작성한다.

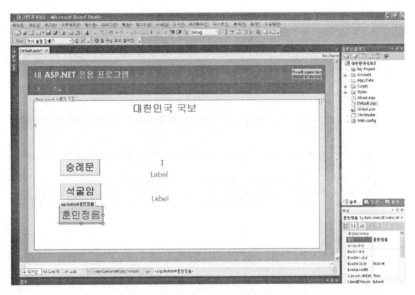

▶ 훈민정음 명령버튼을 작성

④ 석굴암의 이벤트에서 Click시 숭례문_Click프러시저가 동작하도록 숭례문_Click을 선택한다.

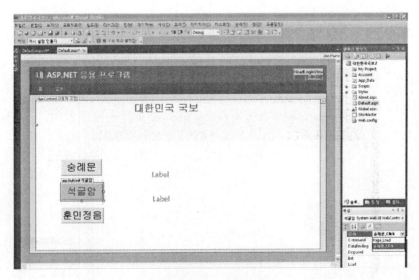

▶ 숭례문_Click을 선택

⑤ 같은 방식으로 훈민정음의 이벤트에서 Click시 숭례문_Click프러시저가 동작하도록 숭례문_Click을 선택한다.

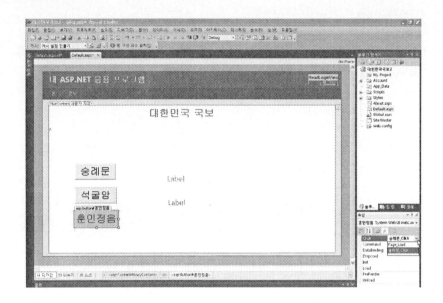

3.2 대한민국 국보폼 프로그램

① Protected Sub 숭례문_Click(sender As Object, e As EventArgs) Handles 숭례문.Click, 석굴암.Click, 훈민정음.Click

숭례문버튼을 클릭하였을 땡하 마찬가지로 석굴암명령버튼을 클릭하거나, 훈민정음 명령버튼을 클릭하였을 때도 이 프러시저가 동작한다.

② Dim selbutton As Button

selbutton = sender

버튼을 클릭하였을 때 인식할 수 있도록 지정한다.

③ strsql = "select * from 국보 "

strsql = strsql & " where 이름 = '" & selbutton.Text & "'"

클릭한 버튼의 글자값을 이용하여 국보정보를 검색한다. 만약 훈민정음 명령버튼을 클릭하였다면 버튼위의 글자 "훈민정음"으로 정보검색을 한다.

> 프로그램 🔍 대한민국 국보폼 프로그램

```
Public Class _Default
    Inherits System.Web.UI.Page

    Dim cn As ADODB.Connection
    Dim rs As ADODB.Recordset

    Dim strsql As String

'''''''''''''''''''''''''''''''''''''''''''''''''''''''''''''''''''''''''''
    '   프로그램  :  대한민국국보2 검색
    '
    '   설    명 : 1. 국보이름으로 국보정보를 검색하는 프로그램
    '              2. 숭례문, 석굴암. 훈민정음 정보를 검색
    '
    '   작성일자 : 2013년 7월  3일
    '
    '   테이블   : 국보.accdb  - 국보테이블
'''''''''''''''''''''''''''''''''''''''''''''''''''''''''''''''''''''''''''
    Protected Sub Page_Load(ByVal sender As Object, ByVal e As System.EventArgs)
Handles Me.Load
        '
        ' 사용할 데이터베이스를 지정
        '
        cn = New ADODB.Connection
        cn.Open("Provider=Microsoft.ACE.OLEDB.12.0;Data  Source=d:\ASP2010
\데이터베이스\국보.accdb")

        rs = New ADODB.Recordset
        rs.ActiveConnection = cn

    End Sub

    Protected Sub 숭례문_Click(sender As Object, e As EventArgs) Handles 숭례
문.Click, 석굴암.Click, 훈민정음.Click
```

```
    '
    ' 숭례문_Click() 이벤트를 이용하여 숭례문, 석굴암, 훈민정음 정보를 검색
    '
    Dim selbutton As Button

    selbutton = sender

    strsql = "select * from 국보 "
    strsql = strsql & " where 이름 = '" & selbutton.Text & "'"

    rs.Open(strsql)

    '
    ' 검색한 정보를 폼에 표시
    국보.Text = rs.Fields!국보.Value
    위치.Text = rs.Fields!위치.Value


    End Sub
End Class
```

4. 대한민국 국보폼 실행

① 대한민국 국보폼 초기화면이다.

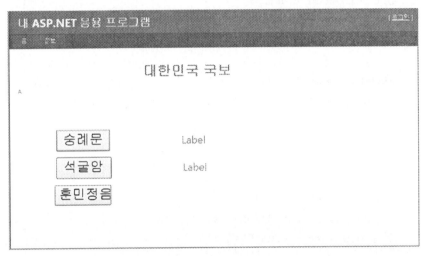

▶ 대한민국 국보폼 초기화면

② 숭례문버튼을 클릭하면 숭례문정보를 폼화면에 표시한다.

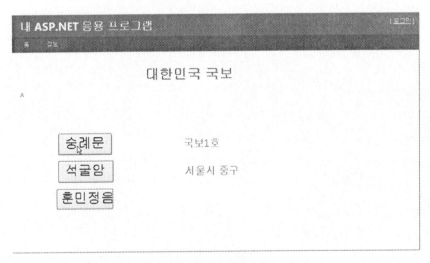

▶ 숭례문정보를 폼화면에 표시

③ 석굴암명령버튼을 클릭하면 석굴암정보를 폼화면에 표시한다.

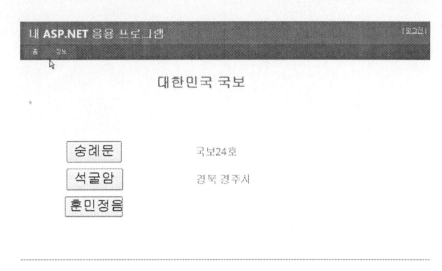

🔘 석굴암정보를 폼화면에 표시

④ 훈민정음버튼을 클릭하면 훈민정음 정보를 폼화면에 표시한다.

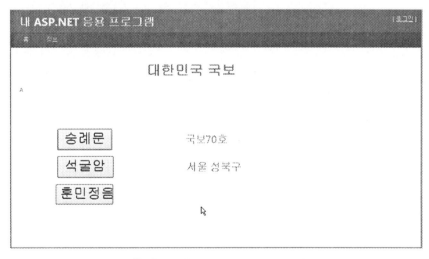

🔘 훈민정음 정보를 폼화면에 표시

ASP.NET 2010

제4장
버킷리스트

이름드롭다운리스트에 우리가 가고 싶은 곳들을 입력하고, 이름드롭다운리스트 값들중 피라미드를 선택한 후, 검색버튼을 클릭하면 피라미드정보를 폼화면에 표시한다.

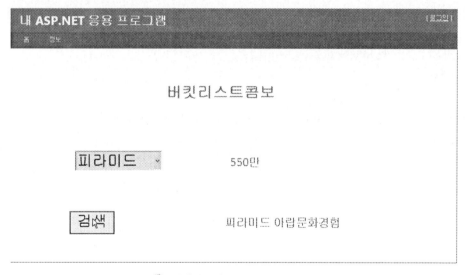

▶ 피라미드정보를 폼화면에 표시

주요점

1. 텍스트박스안의 값을 이용하여 정보검색

2. strsql = " select * from 버킷리스트 "
   strsql = strsql & " where 이름 = " & 이름.Text & ""
   rs.Open(strsql)

3. 이름드롭다운리스트작성

4. 이름드롭다운리스트에 값 입력

5. 이름드롭다운리스트를 이용한 정보검색

6. If Not Page.IsPostBack Then '페이지가 처음 요청될 때만 실행
   End If

7. Do Untilrs.EOF
                이름콤보.Items.Add(rs.Fields!이름.Value)
             rs.MoveNext( )
   Loop

8. strsql = " select * from 버킷리스트 "
   strsql = strsql & " where 이름 = " & 이름콤보.SelectedItem.Text & ""
   rs.Open(strsql)

1. 버킷리스트테이블

① 이름, 경비, 특징, 위치, 일정필드를 각각 텍스트형식으로 지정한다.

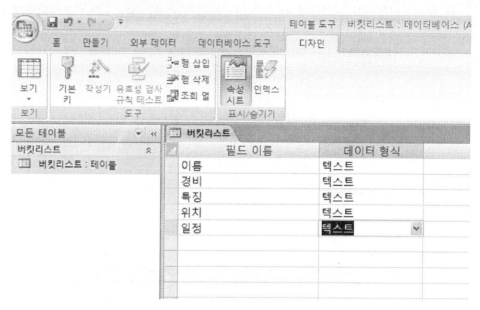

⊛ 이름, 경비, 특징, 위치, 일정필드를 각각 텍스트형식으로 지정

② 테이블열기화면을 이용하여 가고 싶은 장소 팔라우, 라스베가스정보를 입력한다.

이름	경비	특징	위치	일정
팔라우	170만	스쿠바 스노쿨링	북태평양 균도	3박4일
라스베가스	750만	카지노 쇼핑 공연	미국 네바다주	6박7일
피라미드	550만	피라미드 아랍문화경험	이집트	7박8일

⊛ 팔라우, 라스베가스정보를 입력

도움말 우선은 가고 싶은 곳 3개를 입력한 후, 여유시간과 저축금액등을 감안하여 프랑스 칸느, 니스 그리고 취향에 맞추어 로마등을 계속적으로 추가한다.

2. 버킷리스트폼

2.1 버킷리스트폼 작성

① 새 프로젝트창에서 이름난에 버킷리스트를 입력한 후, 확인버튼을 클릭한다.

🔘 새 프로젝트창에서 이름난에 버킷리스트를 입력

② 도구상자에서 텍스트박스를 선택한 후, 폼에 위치시킨다.

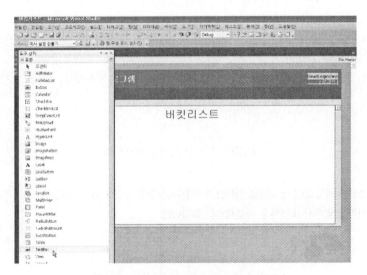

🔘 텍스트박스를 선택한 후, 폼에 위치

③ 폼에 위치시킨 후, 속성창의 ID난을 이용하여 이름으로 지정한다.

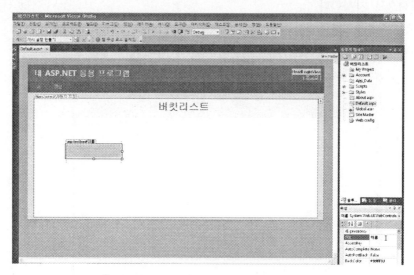

▶ 속성창의 ID난을 이용하여 이름으로 지정

④ 도구상자에서 버튼을 선택하여 폼에 위치시킨다.

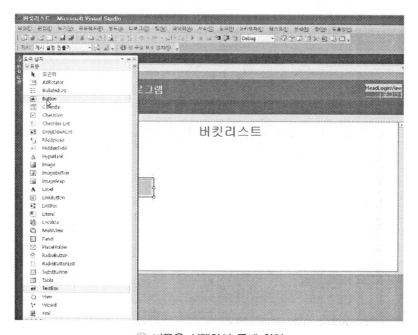

▶ 버튼을 선택하여 폼에 위치

⑤ 속성창의 ID난을 이용하여 검색으로 지정하고, Text속성을 이용하여 버튼의 글자를 검색으로 지정한다.

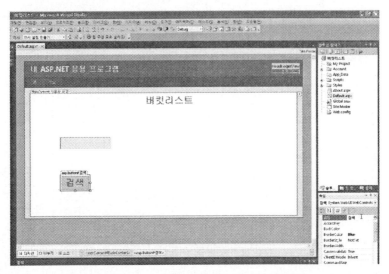

▶ 속성창의 ID난을 이용하여 검색으로 지정

⑥ 검색한 정보를 폼에 표시할 수 있도록 레이블을 폼에 위치시킨 후, 여행경비를 표시할 수 있도록 이름을 경비로 지정한다.

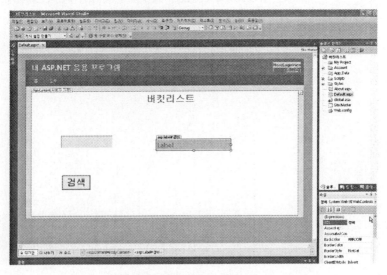

▶ 이름을 경비로 지정

⑦ 경비레이블을 복사하여 폼에 위치시킨 후, 이름을 특징으로 지정한다.

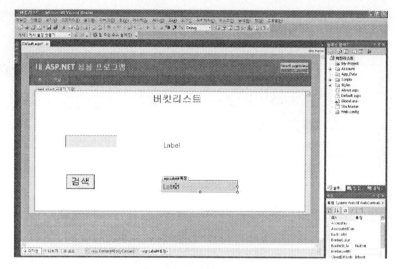

▶ 이름을 특징으로 지정

🗨️ **도움말** 필요에 따라 레이블을 이용하여 위치와 일정을 추가하여 보다 충실한 정보를 제공할 수 있는 폼을
작성하여도 좋다. 두 개의 레이블만 있어도 필요한 정보를 제공하는 프로그램을 작성할 수 있다.

2.2 버킷리스트 폼 프로그램

① 폼 디자인화면에서 검색버튼을 더블클릭하여 프로그램 작성화면으로 들어갈 수 있다.

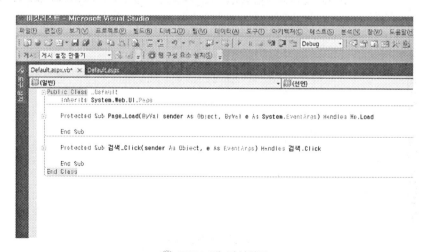

▶ 프로그램 작성화면

② 데이터베이스 프로그램을 작성할 수 있도록 rs, cn 변수값을 지정한다.

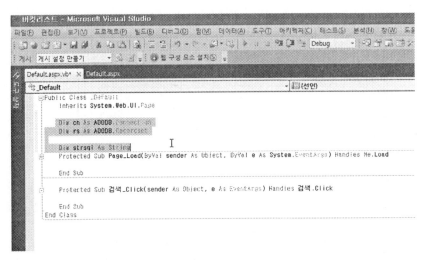

▶ rs, cn 변수값을 지정

③ Protected Sub Page_Load()프러시저를 이용하여 데이터베이스 경로지정과 데이터
베이스 사용변수값을 지정한다.

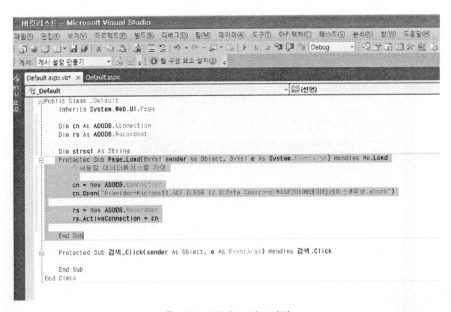

▶ 데이터베이스 경로지정

④ Protected Sub 검색_Click) 프러시저화면으로 이름텍스트박스의 값을 이용하여 버
킷리스트정보를 검색하는 화면이다.

```
Protected Sub 검색_Click(sender As Object, e As EventArgs) Handles 검색.Click

        strsql = "select * from 버킷리스트 "
        strsql = strsql & " where 이름 = '" & 이름.Text & "'"

        rs.Open(strsql)

        If rs.BOF And rs.EOF Then

            경비.Text = ""
            특징.Text = ""

            MsgBox(이름.Text & " 정보는 등록되어 있지 않습니다. ")

        Else
            ' 검색한 정보를 폼에 표시
            경비.Text = rs.Fields!경비.Value
            특징.Text = rs.Fields!특징.Value

        End If

    End Sub
End Class
```

▶ Protected Sub 검색_Click) 프러시저화면

⑤ cn.Open("Provider=Microsoft.ACE.OLEDB.12.0;Data Source=d:\ASP2010
　　　\데이터베이스\버킷리스트.accdb")

프로그램에서 사용할 데이터베이스 경로와 데이터베이스를 지정한다.

⑥ strsql = "select * from 버킷리스트 "

strsql = strsql & " where 이름 = '" & 이름.Text & "'"
rs.Open(strsql)

폼의 이름텍스트박스에 들어있는 여행지 이름을 이용하여 버킷리스트정보를 검색한다.

⑦ If rs.BOF And rs.EOF Then
　　　경비.Text = ""
　　　특징.Text = ""
　　　MsgBox(이름.Text & " 정보는 등록되어 있지 않습니다. ")

SQL명령문을 실행하여 일치하는 정보를 검색하지 못할 경우에는 경비와 특징레이블의
값을 초기화한 다음 "해당 정보는 등록되어 있지 않다"라는 메시지를 폼에 표시한다.

```
Else
        '
        ' 검색한 정보를 폼에 표시
        경비.Text = rs.Fields!경비.Value
        특징.Text = rs.Fields!특징.Value
```

해당 정보를 버킷리스트테이블에서 검색한 경우에는 해당레코드의 경비필드에 있는 값을 폼의 경비레이블에 표시하고, 특징레이블에 들어있는 값을 폼의 특징레이블에 표시한다.

프로그램 Q 버킷리스트프로그램

```
Public Class _Default
    Inherits System.Web.UI.Page


    Dim cn As ADODB.Connection
    Dim rs As ADODB.Recordset


    Dim strsql As String
'''''''''''''''''''''''''''''''''''''''''''''''''''''''''''''''''''''
    '   프로그램  :  버킷리스트
    '
    '   설    명  : 1. 버스리스트의 정보를 검색
    '              '
    '   작성일자  : 2013년 7월  4일
    '
    '   테이블    : 버킷리스트.accdb - 버킷리스트테이블
'''''''''''''''''''''''''''''''''''''''''''''''''''''''''''''''''''''
    Protected Sub Page_Load(ByVal sender As Object, ByVal e As System.
EventArgs) Handles Me.Load
        ' 사용할 데이터베이스를 지정
        '
        cn = New ADODB.Connection
        cn.Open("Provider=Microsoft.ACE.OLEDB.12.0;Data  Source=d:\ASP2010
\데이터베이스\버킷리스트.accdb")
```

```
        rs = New ADODB.Recordset
        rs.ActiveConnection = cn

    End Sub

    Protected Sub 검색_Click(sender As Object, e As EventArgs) Handles 검
색.Click


        strsql = "select * from 버킷리스트 "
        strsql = strsql & " where 이름 = '" & 이름.Text & "'"

        rs.Open(strsql)


        If rs.BOF And rs.EOF Then

            경비.Text = ""
            특징.Text = ""

            MsgBox(이름.Text & " 정보는 등록되어 있지 않습니다. ")

        Else
            '
            ' 검색한 정보를 폼에 표시
            경비.Text = rs.Fields!경비.Value
            특징.Text = rs.Fields!특징.Value

        End If


    End Sub
End Class
```

2.3 버킷리스트폼 실행

① 버킷리스트폼 초기화면이다.

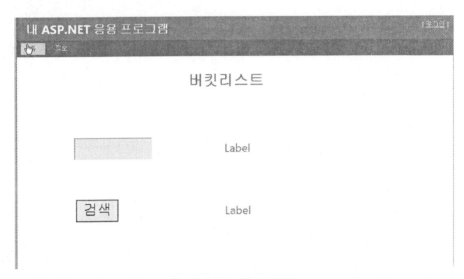

▶ 버킷리스트폼 초기화면

② 이름텍스트박스에 "팔라우"를 입력한 후, 확인버튼을 클릭하면 팔라우정보를 폼화면
에 표시한다.

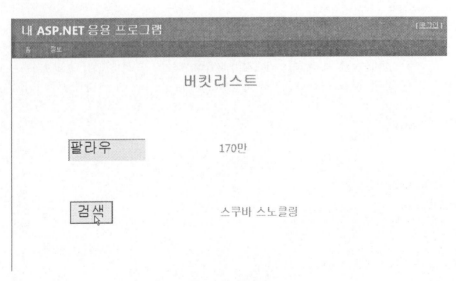

▶ 팔라우정보를 폼화면에 표시

③ 라스베가스를 입력한 후, 확인버튼을 클릭하면 라스베가스정보를 폼화면에 표시한다.

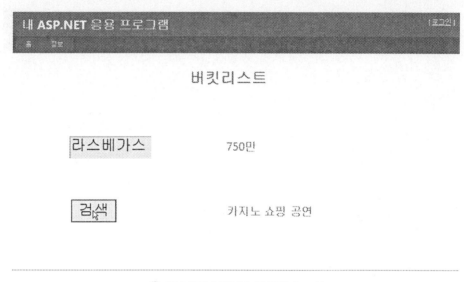

▶ 라스베가스정보를 폼화면에 표시

④ 로마를 입력한 후, 검색버튼을 클릭하면 경비와 특징레이블을 초기화한 후, "로마정보등록 안되었음'정보를 폼화면에 표시한다.

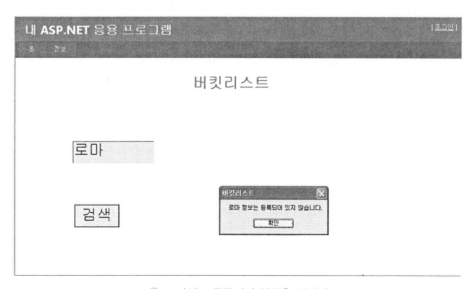

▶ 로마정보 등록되지 않았음 메시지

⑤ 팔라우를 입력한 후, 확인버튼을 클릭하면 팔라우정보를 폼화면에 표시한다.

내 **ASP.NET** 응용 프로그램   [로그인]

홈   정보

버킷리스트

팔라우	170만
검색	스쿠버 스노클링

▶ 팔라우정보를 폼화면에 표시

3. 버킷리스트드롭다운리스트폼

3.1 버킷리스트드롭다운리스트폼 작성

① 새 프로젝트창에서 이름난에 버킷리스트콤보를 입력한 후, 확인버튼을 클릭한다.

▶ 버킷리스트콤보를 입력한 후, 확인버튼을 클릭

② 기본적으로는 앞의 버킷리스트와 유사하므로 폼을 복사한다.

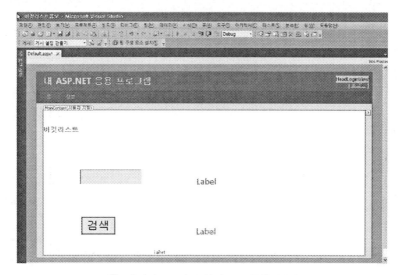

▶ 버킷리스트와 유사하므로 폼을 복사

③ 이름텍스트박스를 드롭다운리스트로 변경할 것이므로 도구상자에서 드롭다운리스트를 끌어와 폼에 위치시킨다.

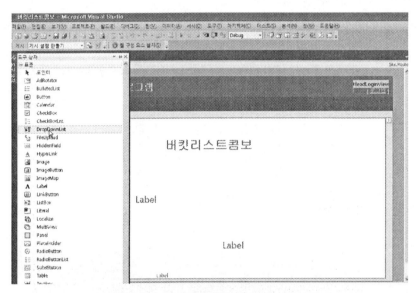

▶ 드롭다운리스트를 끌어와 폼에 위치

④ 드롭다운리스트의 이름을 이름콤보로 지정한다.

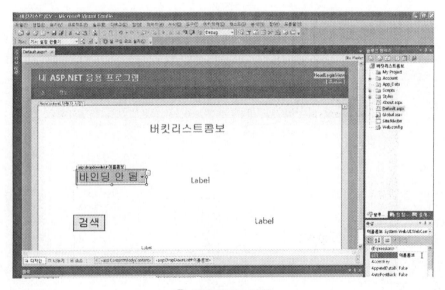

▶ 이름콤보로 지정

3.2 버킷리스트콤보폼 중간실행

① Protected Sub Page_Load() 프러시저에서 이름콤보에 버킷리스트의 이름을 하나
씩 입력하는 프로그램이다.

```
Protected Sub Page_Load(ByVal sender As Object, ByVal e As System.EventArgs) Handles Me.Load
    ' 사용할 데이터베이스를 지정

    cn = New ADODB.Connection
    cn.Open("Provider=Microsoft.ACE.OLEDB.12.0;Data Source=d:\ASP2010\버데이터베이스\버킷리스트.accdb")

    rs = New ADODB.Recordset
    rs.ActiveConnection = cn

    strsql = "select 이름 from 버킷리스트 "
    strsql = strsql & " order by 이름 "

    rs.Open(strsql)

    ' 검색한 이름을 Do - Loop 명령어를 이용하여
    ' 이름콤보박스에 입력

    Do Until rs.EOF

        이름콤보.Items.Add(rs.Fields!이름.Value)
        rs.MoveNext()

    Loop

    rs.Close()
End Sub
```

▶ 버킷리스트의 이름을 하나씩 입력

② 이름콤보에 버킷리스트의 이름들이 들어간 것을 확인할 수 있다.

▶ 이름콤보에 버킷리스트의 이름들이 들어간 것을 확인

③ 이름콤보에서 피라미드를 선택한다.

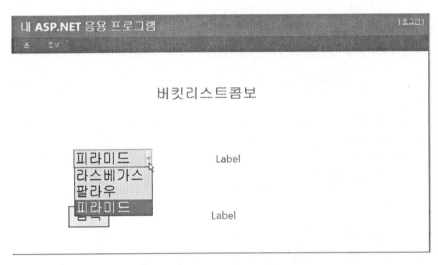

▶ 이름콤보에서 피라미드를 선택

④ 피라미드를 선택한 후, 검색버튼을 클릭하면 피라미드의 정보를 폼화면에 표시한다.

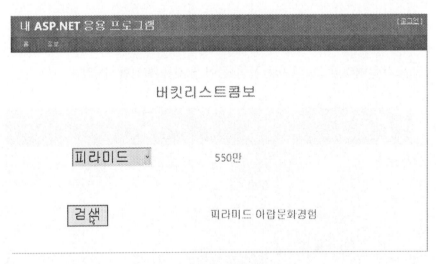

▶ 피라미드의 정보를 폼화면에 표시

⑤ 다른 이름을 선택하려고 이름콤보를 클릭하면 이름콤보에 버킷리스트의 이름들이 이중으로 표시되는 것을 확인할 수 있다.

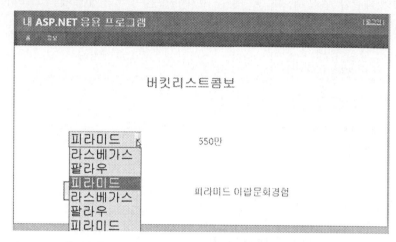

▶ 버킷리스트의 이름들이 이중으로 표시되는 것을 확인

⑥ 라스베가스를 선택하여 검색버튼을 클릭하면 라스베가스정보를 폼화면에 표시한다.

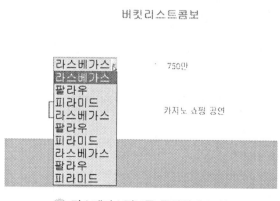

▶ 라스베가스정보를 폼화면에 표시

<img alt="도움말" /> **도움말** 검색명령버튼의 기능은 제대로 동작하는 것을 확인할 수 있다. 프로그램 작성시 에러는 언제든지 발생한다. 에러발생시 프로그램 실행결과에 따라 어디서 발생하는 것을 알 수 있으면 프로그램 수정을 쉽게 할 수 있다.

⑦ Protected Sub Page_Load() 프러시저에서 폼이 처음 열릴때만 이름콤보에 값을 입력할 수 있으면 해결되는 문제이다. 이는 If Not Page.IsPostBack Then 명령문을 이용하여 해결할 수 있다. 이 명령문을 추가하여 폼이 처음 열릴때만 가능하도록 한다.

```
Protected Sub Page_Load(ByVal sender As Object, ByVal e As System.EventArgs) Handles Me.Load
    ' 사용할 데이터베이스를 지정

    cn = New ADODB.Connection
    cn.Open("Provider=Microsoft.ACE.OLEDB.12.0;Data Source=d:\ASP2010\데이터베이스\버킷리스트.accdb")

    rs = New ADODB.Recordset
    rs.ActiveConnection = cn

    If Not Page.IsPostBack Then     '페이지가 처음 요청될 때만 실행

        strsql = "select 이름 from 버킷리스트 "
        strsql = strsql & " order by 이름 "

        rs.Open(strsql)

        ' 검색한 이름을 Do - Loop 명령어를 이용하여
        ' 이름콤보박스에 입력

        Do Until rs.EOF

            이름콤보.Items.Add(rs.Fields!이름.Value)
            rs.MoveNext()

        Loop

        rs.Close()

    End If

End Sub
```

▶ If Not Page.IsPostBack Then 명령문을 이용

3.3 버킷리스트콤보폼 프로그램

① If Not Page.IsPostBack Then '페이지가 처음 요청될 때만 실행
   End If

버킷리스트콤보 폼이 처음 열리때만 실행되는 프로그램이다. 이름콤보에 이름을 한 번씩만 입력할 수 있다.

② strsql = "select 이름 from 버킷리스트"
   strsql = strsql & " order by 이름 "
   rs.Open(strsql)

버킷리스트테이블에서 이름을 검색한다.

③ Do Untilrs.EOF

        이름콤보.Items.Add(rs.Fields!이름.Value)

        rs.MoveNext()

  Loop

검색한 이름을 이름콤보에 하나씩 입력한다.

④ strsql = "select * from 버킷리스트 "

strsql = strsql & " where 이름 = '" & 이름콤보.SelectedItem.Text & "'"

rs.Open(strsql)

이름콤보에서 선택한 이름으로 정보를 검색한다.

⑤ 이름콤보.SelectedItem.Text

이름콤보에서 선택한 이름값이다.

프로그램 〔🔍〕| 버킷리스트콤보프로그램

```
Public Class _Default
    Inherits System.Web.UI.Page

    Dim cn As ADODB.Connection
    Dim rs As ADODB.Recordset

    Dim strsql As String
''''''''''''''''''''''''''''''''''''''''''''''''''''''''''''''''''''''''''
    '    프로그램  :  버킷리스트콤보
    '
    '    설    명  : 1. 이름콤보에 버킷리스트의 이름을 입력
    '               2. 선택한 이름콤보의 이름의 정보를 폼화면에 표시
    '                              '
    '    작성일자  : 2013년 7월  4일
    '
    '    테이블    : 버킷리스트.accdb  -  버킷리스트테이블
    ''''''''''''''''''''''''''''''''''''''''''''''''''''''''''''''''''''''
    Protected Sub Page_Load(ByVal sender As Object, ByVal e As System.EventArgs)
Handles Me.Load
```

```
    ' 사용할 데이터베이스를 지정
    '
    cn = New ADODB.Connection
    cn.Open("Provider=Microsoft.ACE.OLEDB.12.0;Data  Source=d:\ASP2010
\데이터베이스\버킷리스트.accdb")

    rs = New ADODB.Recordset
    rs.ActiveConnection = cn

    If Not Page.IsPostBack Then       '페이지가 처음 요청될 때만 실행

        strsql = "select 이름 from 버킷리스트 "
        strsql = strsql & " order by 이름 "

        rs.Open(strsql)

        ' 검색한 이름을 Do - Loop 명령어를 이용하여
        ' 이름콤보박스에 입력

        Do Untilrs.EOF

            이름콤보.Items.Add(rs.Fields!이름.Value)
            rs.MoveNext()

        Loop

        rs.Close()

    End If

End Sub

Protected Sub 검색_Click(sender As Object, e As EventArgs) Handles 검
색.Click
        strsql = "select * from 버킷리스트 "
        strsql = strsql & " where 이름 = '" & 이름콤보.SelectedItem.Text & "'"
```

```
        rs.Open(strsql)

    ' 검색한 정보를 폼에 표시
        경비.Text = rs.Fields!경비.Value
        특징.Text = rs.Fields!특징.Value

    End Sub

End Class
```

3.4 버킷리스트콤보폼 실행

① 이름콤보에서 팔라우를 선택한 후, 검색버튼을 클릭하면 팔라우정보를 폼화면에 표시한다.

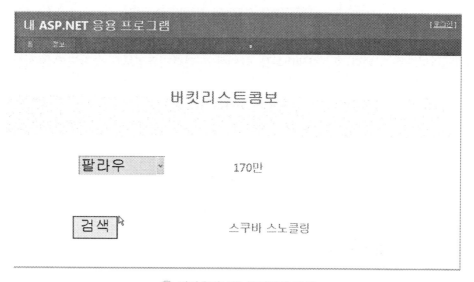

◉ 팔라우정보를 폼화면에 표시

② 이름콤보를 클릭하여 피라미드를 선택한다.

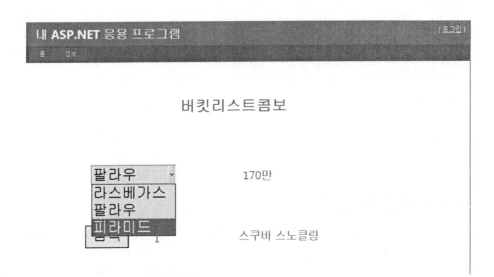

▶ 이름콤보를 클릭하여 피라미드를 선택

③ 피라미드를 선택한 후, 검색버튼을 클릭하면 피라미드정보를 폼화면에 표시한다.

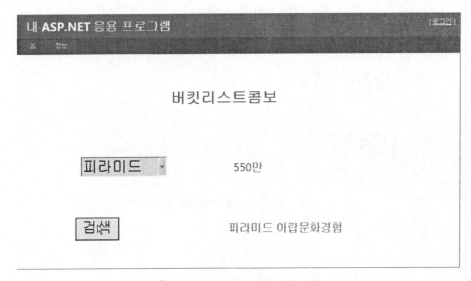

▶ 피라미드정보를 폼화면에 표시

제5장
다트입력폼

명령버튼을 클릭하여 다트점수를 계산한 후, 이름텍스트박스에 홍길동을 입력한 후, 입력명령버튼을 클릭한다. 그러면 다트점수테이블에 일자, 이름, 점수를 각각 입력한다.

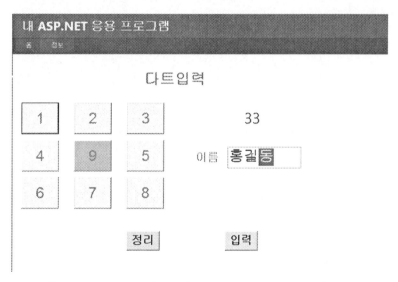

◉ 이름텍스트박스에 홍길동을 입력한 후, 입력명령버튼을 클릭

주요점

1. 각각의 명령버튼을 클릭하여도 하나의 프러시저에서 계산

2. Dim btn As Button
   btn = sender
   합.Text = CInt(합.Text) + CInt(btn.Text)

3. strsql = " insert into 다트점수 "
   strsql = strsql & " values('" & Now.Date & "'"
   strsql = strsql & ",'" & 이름.Text & "'"
   strsql = strsql & "," & CInt(합.Text) & "')"
   cn.Execute(strsql)

1. 다트폼

1.1 다트폼 작성

① 새 프로젝트창에서 이름난에 "다트"를 입력한 후, 확인버튼을 클릭한다.

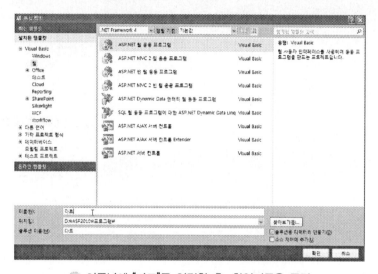

▶ 이름난에 "다트"를 입력한 후, 확인버튼을 클릭

② 폼 작성화면에서 도구상자에서 명령버튼을 끌어 와 폼에 위치시킨 후, 속성창의 ID
난에서 "점수3"으로 이름을 지정하고, "3"으로 표시한다.

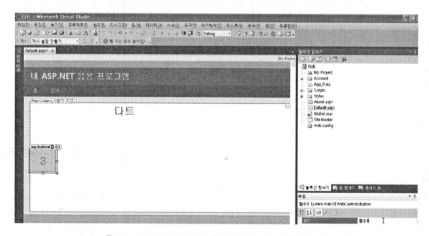

▶ 속성창의 ID난에서 "점수3"으로 이름을 지정

③ 같은 방식으로 점수5와 점수7 명령버튼을 각각 작성한다.

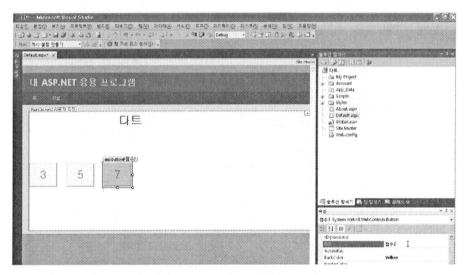

▶ 점수5와 점수7 명령버튼을 각각 작성

④ 다트점수합을 표시할 수 있도록 레이블을 이용하여 합레이블을 작성한다. Text 속성
에서 0으로 지정하여야 계산이 가능하다.

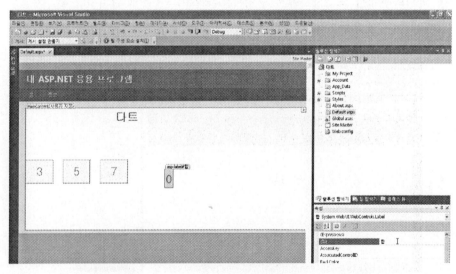

▶ 다트점수합을 표시할 수 있도록 레이블을 이용하여 합레이블을 작성

⑤ 하나의 계산이 완료된 후, 합을 초기치로 되돌릴 수 있는 정리명령버튼을 작성한다.

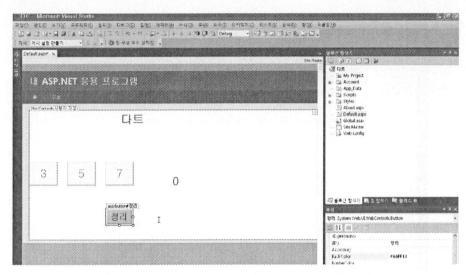

▶️ 합을 초기치로 되돌릴 수 있는 정리명령버튼을 작상

1.2 다트폼 프로그램

다트프로그램은 단순하게 작성하였다.

현재 합의 값을 정수형으로 변환한 후, 명령버튼에 따라 3이나 5를 더한 후, 합레이블에 표시한다.

① 점수3명령버튼을 클릭하면 합에다 3을 더한 값을 합레이블에 표시한다.

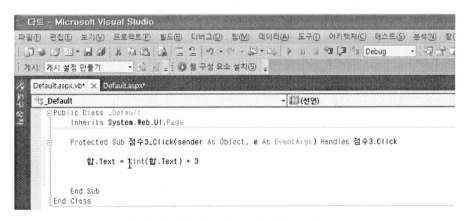

▶️ 합에다 3을 더한 값을 합레이블에 표시

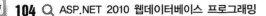

② 같은 방식으로 점수5_Click(), 점수7_Click() 프러시저를 작성한 프로그램 화면이다.

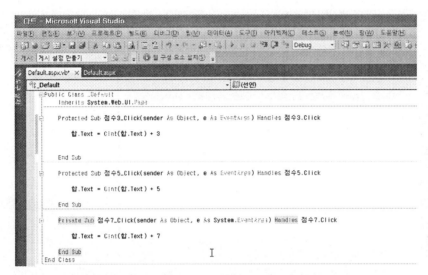

⯈ 점수5_Click(), 점수7_Click() 프러시저를 작성한 프로그램 화면

③ 정리명령버튼을 클릭하면 합레이블을 0으로 초기화한다.

⯈ 정리명령버튼을 클릭하면 합레이블을 0으로 초기화

프로그램 🔍 | 다트 프로그램

```
Public Class _Default
    Inherits System.Web.UI.Page

    Protected Sub 점수3_Click(sender As Object, e As EventArgs) Handles 점수
3.Click

        합.Text = CInt(합.Text) + 3


    End Sub

    Protected Sub 점수5_Click(sender As Object, e As EventArgs) Handles 점수
5.Click

        합.Text = CInt(합.Text) + 5

    End Sub

    Private Sub 점수7_Click(sender As Object, e As System.EventArgs) Handles
점수7.Click

        합.Text = CInt(합.Text) + 7

    End Sub

    Private Sub 정리_Click(sender As Object, e As System.EventArgs) Handles
정리.Click

        합.Text = 0

    End Sub
End Class
```

1.3 다트폼 실행

① 다트폼 초기화면이다.

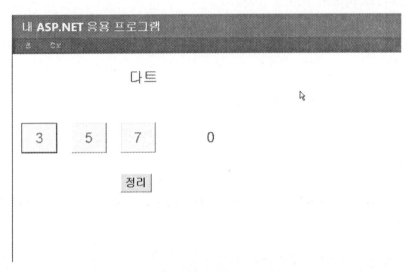

▶ 다트폼 초기화면

② 점수3, 점수5, 점수7 명령버튼을 한번 씩 클릭하면 합레이블에 17을 표시한다.

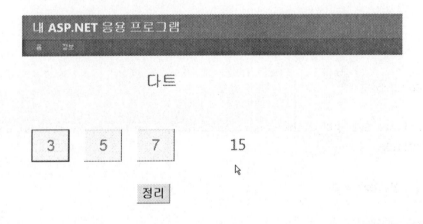

▶ 점수3, 점수5, 점수7 명령버튼을 한번 씩 클릭하면 합레이블에 17을 표시

③ 정리명령버튼을 클릭하면 합레이블을 0로 초기화한다.

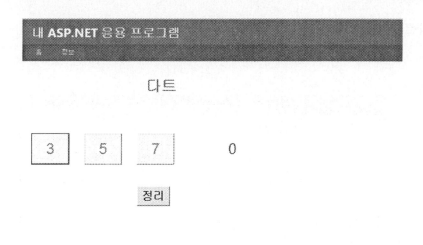

▶ 정리명령버튼을 클릭하면 합레이블을 0로 초기화

④ 점수명령버튼을 클릭하면 새로운 다트점수를 계산할 수 있다.

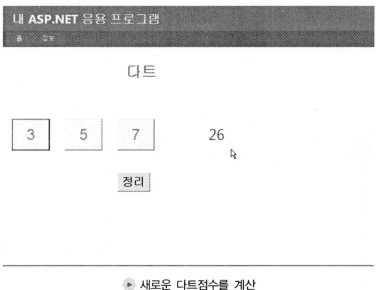

▶ 새로운 다트점수를 계산

2. 다트계산폼

2.1 다트계산폼 작성

① 새프로젝트창에서 이름난에 다트계산을 입력한 후, 확인버튼을 클릭한다.

▶ 이름난에 다트계산을 입력한 후, 확인버튼을 클릭

② 앞의 다트에서 폼을 복사하여 이를 이용하는 것이 편리하다.

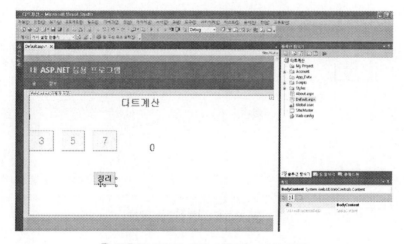

▶ 폼을 복사하여 이를 이용하는 것이 편리

③ 9개의 점수 명령버튼을 작성한다.

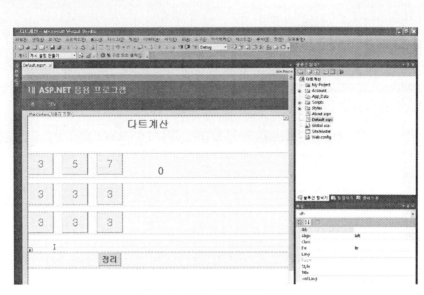

▶ 9개의 점수 명령버튼을 작성

④ 각각 점수1, 점수2, 중앙의 점수명령버튼을 점수9로 지정한다.

▶ 중앙의 점수명령버튼을 점수9로 지정

2.2 다트계산폼 프로그램

① 점수1명령버튼을 더블클릭하면 점수1_Click() 프러시저를 작성할 수 있는 프로그램 화면이 표시된다.

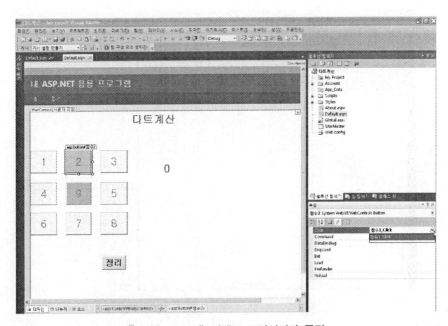

▶ 점수1_Click() 프러시저를 작성할 수 있는 프로그램화면이 표시

② 점수2 버튼의 속성창의 이벤트난에서 Click 이벤트난에 점수1_Click 이벤트를 지정하면 점수2 명령버튼을 클릭하였을 때 점수1_Click() 이벤트 프러시저가 동작하게 된다. 이렇 게 지정하면 하나의 이벤트로 모든 점수명령버튼의 이벤트 프로그램을 작성할 수 있다.

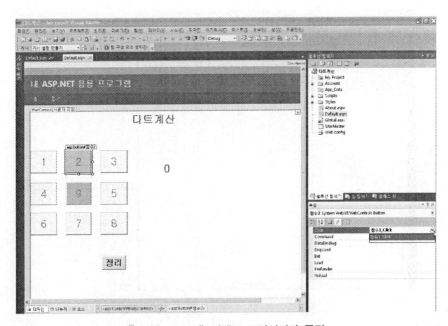

▶ 점수1_Click() 이벤트 프러시저가 동작

③ 같은 방식으로 점수9 명령버튼까지 점수1_Click 이벤트로 지정한다.

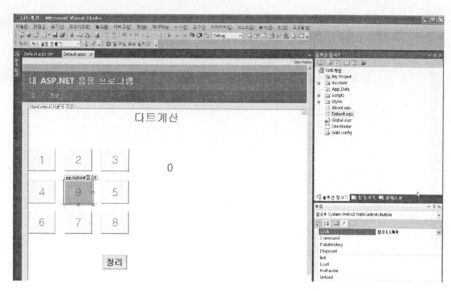

▶ 점수1_Click 이벤트로 지정

④ 각각의 명령버튼을 클릭하였어도 전체적으로 하나의 프러시저로 제어할 수 있도록
한다.

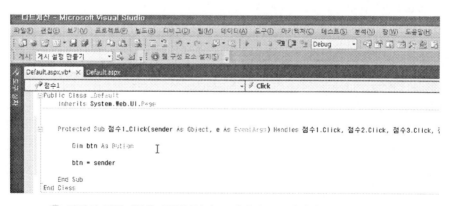

▶ 각각의 명령버튼을 클릭하였어도 전체적으로 하나의 프러시저로 제어

⑤ 다트계산 프로그.램을 완성한 화면이다.

다트계산 - Microsoft Visual Studio

```
Public Class _Default
    Inherits System.Web.UI.Page

    Protected Sub 점수1_Click(sender As Object, e As EventArgs) Handles 점수1.Click, 점수2.Click, 점수3.Click, 점수4

        Dim btn As Button

        btn = sender

        합.Text = CInt(합.Text) + CInt(btn.Text)

    End Sub

    Private Sub 정리_Click(sender As Object, e As System.EventArgs) Handles 정리.Click

        합.Text = 0

    End Sub
End Class
```

▶ 다트계산 프로그.램을 완성한 화면

프로그램 🔍 │ 다트계산 프로그램

```
Public Class _Default
    Inherits System.Web.UI.Page


    Protected Sub 점수1_Click(sender As Object, e As EventArgs) Handles 점수
1.Click, 점수2.Click, 점수3.Click, 점수4.Click, 점수9.Click, 점수5.Click, 점수
6.Click, 점수7.Click, 점수8.Click

        Dim btn As Button

        btn = sender

        합.Text = CInt(합.Text) + CInt(btn.Text)

    End Sub
```

```
    Private Sub 정리_Click(sender As Object, e As System.EventArgs) Handles
정리.Click

        합.Text = 0

    End Sub
End Class
```

2.3 다트계산폼 실행

① 다트계산폼 초기화면이다.

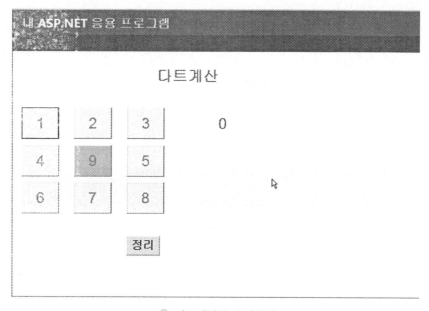

◉ 다트계산폼 초기화면

② 점수명령버튼을 클릭하면 다트점수를 계산할 수 있다.

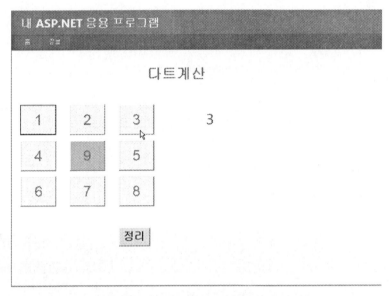

▶ 점수명령버튼을 클릭하면 다트점수를 계산

③ 다트점수를 계산한 화면이다.

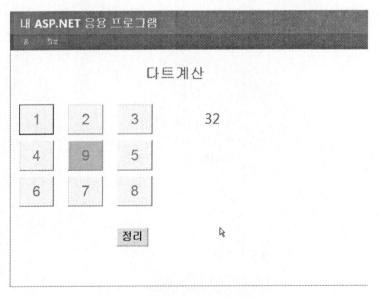

▶ 다트점수를 계산한 화면

④ 정리명령버튼을 클릭하면 합레이블의 값을 0로 초기화한다.

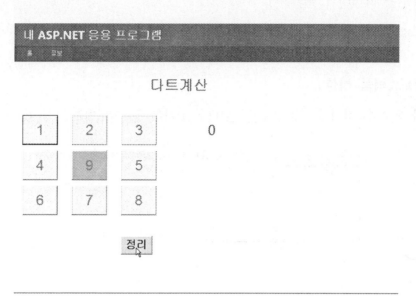

▶ 정리명령버튼을 클릭하면 합레이블의 값을 0로 초기화

⑥ 또 다른 다트점수를 계산한 화면이다.

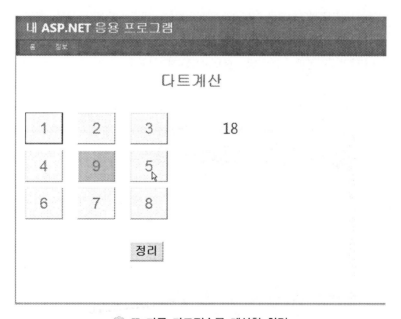

▶ 또 다른 다트점수를 계산한 화면

3. 다트입력폼

다트점수를 계산한 후, 다트점수테이블에 입력까지 해 보자.

3.1 다트입력폼 작성

① 새 프로젝트창에서 이름난에 다트입력을 입력한 후, 확인버튼을 클릭한다.

▶ 새 프로젝트창에서 이름난에 다트입력을 입력한 후, 확인버튼을 클릭

② 이름을 입력할 수 있는 이름텍스트박스를 작성한다.

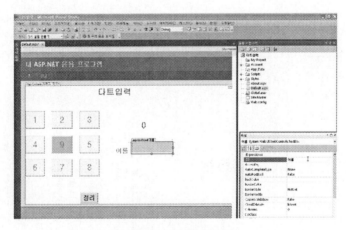

▶ 이름텍스트박스를 작성

③ 합을 다트점수테이블에 입력할 수 있는 입력명령버튼을 작성한다.

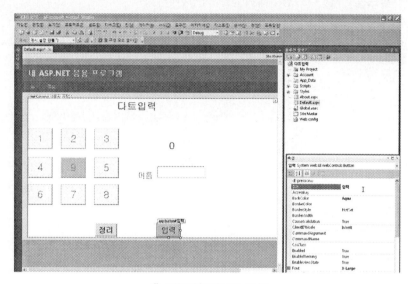

▶ 입력명령버튼을 작성

3.2 다트입력테이블

다트점수의 합을 입력하는 다트점수테이블을 작성한다.

① 새 데이터베이스 작성에서 이름난에 다트점수를 입력한 후, 확인버튼을 클릭한다.

▶ 이름난에 다트점수를 입력한 후, 확인버튼을 클릭

② 테이블디자인화면에서 일자 날짜/시간형식, 이름 텍스트형식, 점수 숫자형식으로 3 개의 필드를 가진 다트점수테이블을 작성한다.

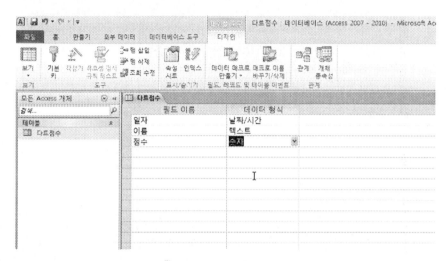

▶ 다트점수테이블을 작성

③ 다트점수테이블열기화면에서 입력된 점수를 확인할 수 있다.

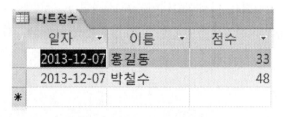

▶ 다트점수테이블열기화면

3.3 다트입력폼 프로그램

① cn = New ADODB.Connection

cn.Open("Provider=Microsoft.ACE.OLEDB.12.0;Data Source=d:\ASP2010\데이터 베이스\다트점수.accdb")

프로그램에서 다트점수.accdb 데이터베이스를 사용할 수 있도록 경로를 지정한다.

② strsql = " insert into 다트점수 "
   strsql = strsql & " values('" & Now.Date & "'"
   strsql = strsql & ",'" & 이름.Text & "'"
   strsql = strsql & ",'" & CInt(합.Text) & "')"
   cn.Execute(strsql)

다트점수테이블에 오늘일자, 이름, 합을 입력한다.

프로그램 🔍 | 다트입력 프로그램

```
Public Class _Default
    Inherits System.Web.UI.Page

    Dimcn As ADODB.Connection
    Dimrs As ADODB.Recordset

    Dim strsql, iname As String

'''''''''''''''''''''''''''''''''''''''''''''''''''''''''''''''''''
'   프로그램  :  다트입력
'
'   설    명  : 1. 점수버튼을 클릭하면 다트점수를 계산한다.
'              2. 계산완료후 이름을 입력확 후, 확인 명령버튼을 클릭하면
'                 다트점수 테이블에 이름과 점수를 입력한다.
'                    '
'   작성일자  : 2013년 12월  7일
'
'   수정일자  : 2013년 12월  7일

'   테이블    : 다트점수.accdb  -  다트점수테이블
'''''''''''''''''''''''''''''''''''''''''''''''''''''''''''''''''''
    Protected Sub Page_Load(ByVal sender As Object, ByVal e As System.EventArgs)
Handles Me.Load
        ' 사용할 데이터베이스를 지정
        '
        cn = New ADODB.Connection
```

```
        cn.Open("Provider=Microsoft.ACE.OLEDB.12.0;Data  Source=d:\ASP2010
\데이터베이스\다트점수.accdb")

        rs = New ADODB.Recordset
        rs.ActiveConnection = cn


    End Sub
    Protected Sub 점수1_Click(sender As Object, e As EventArgs) Handles 점수
1.Click, 점수2.Click, 점수3.Click, 점수4.Click, 점수9.Click, 점수5.Click, 점수
6.Click, 점수7.Click, 점수8.Click
        '
        ' 점수1_Click() 프러시저를 이용하여 점수를 계산

        Dim btn As Button

        btn = sender

        합.Text = CInt(합.Text) + CInt(btn.Text)

    End Sub


    Private Sub 정리_Click(sender As Object, e As System.EventArgs) Handles
정리.Click

        합.Text = 0

    End Sub

    Protected Sub 입력_Click(sender As Object, e As EventArgs) Handles 입력.
Click
        '
        ' 입력버튼을 클릭하면 일자, 이름, 점수를 다트점수테이블에 입력한다.
        '
        strsql = " insert into 다트점수 "
```

```
strsql = strsql & " values('" & Now.Date & "'"
strsql = strsql & ",'" & 이름.Text & "'"
strsql = strsql & ",'" & CInt(합.Text) & "')"


cn.Execute(strsql)

iname = 이름.Text
이름.Text = ""
합.Text = 0

MsgBox(iname & " 선수점수 입력하였습니다.")

    End Sub
End Class
```

3.4 다트입력폼 실행

① 다트입력폼 초기화면이다.

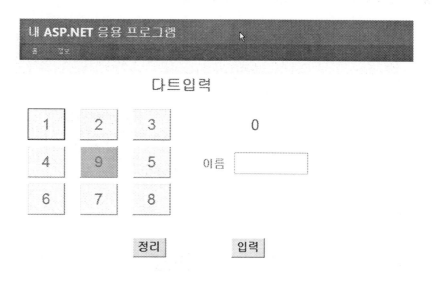

▶ 다트입력폼 초기화면

② 다트점수를 계산한 후, 이름텍스트박스에 홍길동을 입력한 후, 입력명령버튼을 클릭한다. 그러면 다트점수테이블에 일자, 이름, 점수를 각각 입력한다.

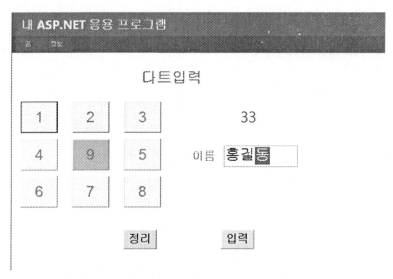

▶ 이름텍스트박스에 홍길동을 입력한 후, 입력명령버튼을 클릭

③ 홍길동선수점수를 입력하였다는 메시지를 화면에 표시한다.

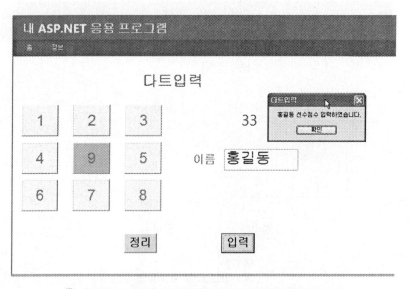

▶ 홍길동선수점수를 입력하였다는 메시지를 화면에 표시

④ 정리버튼을 클릭하여 점수를 초기화한 후, 다른 선수의 점수를 계산하고 박철수를
입력한 후, 입력명령버튼을 클릭한다.

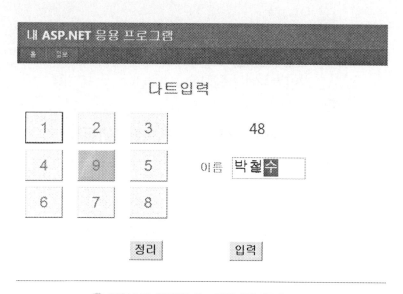

▶ 박철수를 입력한 후, 입력명령버튼을 클릭

⑤ 박철수 점수를 입력하였다는 메시지를 폼화면에 표시한다.

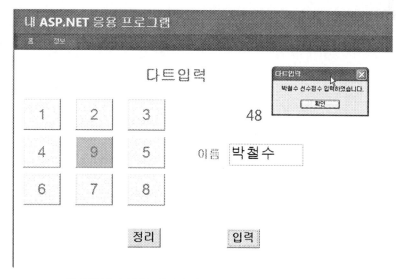

▶ 박철수 점수를 입력하였다는 메시지를 폼화면에 표시

⑥ 다트점수테이블에서 홍길동선수와 박철수선수의 입력내용을 확인할 수 있다.

▶ 홍길동선수와 박철수선수의 입력내용을 확인

사이트드롭다운리스트에서 애니메이션을 선택하면 사이트테이블에 온나라, 카툰네트워크, 애니맥스, 블루몽키를 각각 표시한다. 이들중 원하는 사이트를 클릭하면 해당 사이트로 이동할 수 있다.

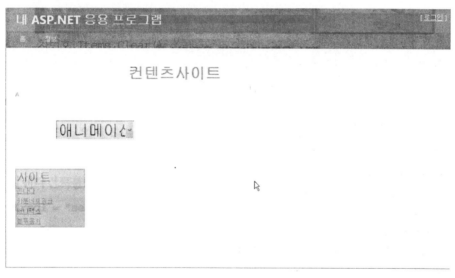

▶ 온나라, 카툰네트워크, 애니맥스, 블루몽키를 각각 표시

주요점

1. HyperLink 컨트롤

2. NavigateUrl 난

3. Link 버튼컨트롤

4. Response.Redirect("http://www.characternara.co.kr")

5. AutoPostBack 사용

6. Table컨트롤

7. TableRow 컬렉션 편집기창

8. Cells 난

9. TableCell 컬렉션 편집기창

10. TableCell

11. strsql = "select distinct 컨텐츠 from 컨텐츠"
    strsql = strsql & "order by 컨텐츠"
    rs.Open(strsql)

12. Dim tablerow As New TableRow
    Dim cell As New TableCell
    Dim 사이트 As New HyperLink

13. cell.Controls.Add(사이트)
    사이트.Text = rs.Fields!사이트.Value
    사이트.NavigateUrl = rs.Fields!주소.Value
    tablerow.Cells.Add(cell)
    사이트테이블.BackColor = Drawing.Color.Orange
    사이트테이블.Rows.Add(tablerow)

1. 만화사이트폼

1.1 만화사이트폼 작성

① 이름난에 "만화사이트"를 입력한 후, 확인버튼을 클릭한다.

▶ 이름난에 "만화사이트"를 입력

② 폼 초기화면에서 레이블을 이용하여 만화사이트를 작성한다. 도구상자에서 HyperLink 를 선택한 후, 폼화면으로 끌어온다.

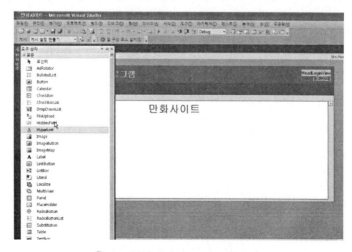

▶ 도구상자에서 HyperLink를 선택

③ HyperLink를 폼에 위치시킨 후, Text속성난을 이용하여 "스튜디오그리기"를 입력한다.

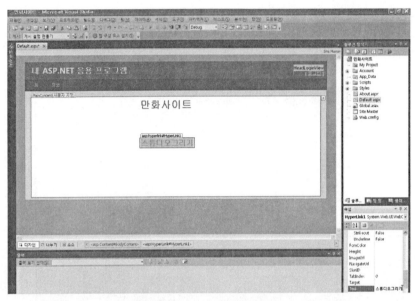

▶ "스튜디오그리기"를 입력

④ NavigateUrl 난에 스튜디오그리기 사이트 주소 "http://www.grigi.net"를 입력한다.

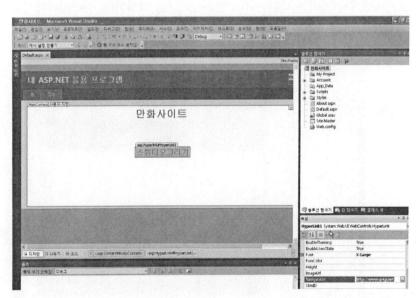

▶ NavigateUrl 난에 스튜디오그리기 사이트 주소 "http://www.grigi.net"를 입력

⑤ Text속성난과 NavigateUrl 난에 값을 입력한 모양이다.

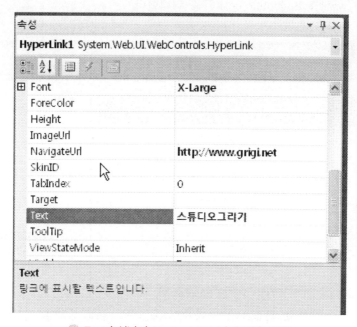

🔘 Text속성난과 NavigateUrl 난에 값을 입력

⑥ 스튜디오그리기 HyperLink를 복사한다.

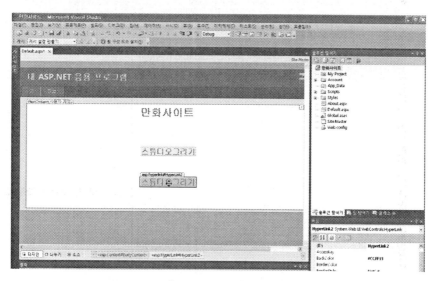

🔘 HyperLink를 복사

⑦ Text 속성난을 이용하여 "짱만화"를 입력하고 NavigateUrl 난에
http://www.zzangcomic.co.kr 을 입력한다.

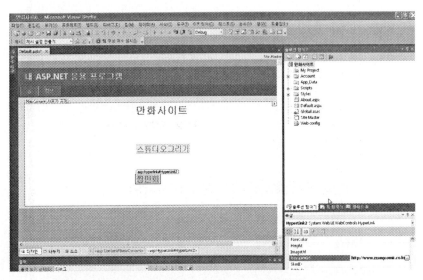

▶ NavigateUrl 난에 http://www.zzangcomic.co.kr 을 입력

⑧ 같은 방식으로 "세븐북"을 작성하고, http://www.sevenbook.co.kr 을 입력한다.

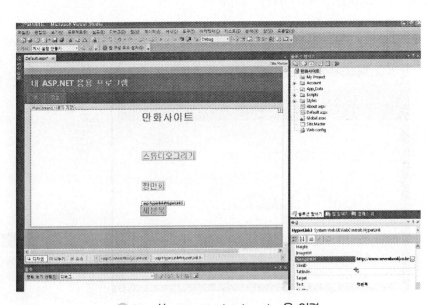

▶ http://www.sevenbook.co.kr 을 입력

1.2 만화사이트폼 실행

① 만화사이트 실행초기화면이다.

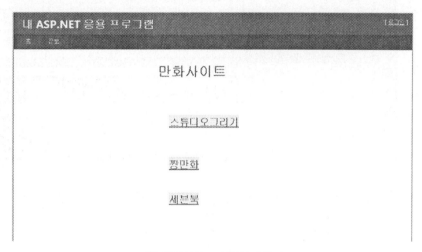

🔹 만화사이트 실행초기화면

② 스튜디오그리기 HyperLink를 클릭하면 스튜디오그리기사이트를 호출하여 보여준다.

🔹 스튜디오그리기 HyperLink를 클릭

③ 짱만화 HyperLink를 클릭하면 짱만화사이트를 호출하여 보여준다.

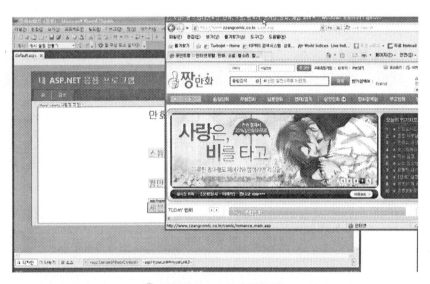

▶ 짱만화 HyperLink를 클릭

2. 캐릭터사이트폼

2.1 캐릭터사이트폼 작성

① 이름난에 "캐릭터사이트"를 입력한 후, 확인버튼을 클릭한다.

▶ 이름난에 "캐릭터사이트"를 입력한 후, 확인버튼을 클릭

② 도구상자에서 Link 버튼을 선택한 후, 폼에 위치시킨다.

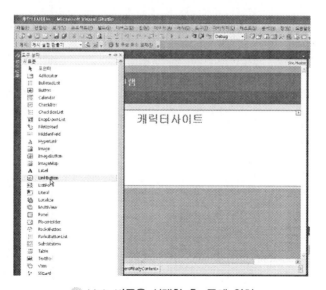

▶ Link 버튼을 선택한 후, 폼에 위치

③ ID 속성난에 "캐릭터나라"를 입력한다.

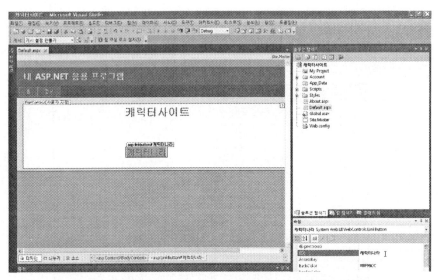

▶ ID 속성난에 "캐릭터나라"를 입력

④ ID속성난과 Text 속성난에 "캐릭터나라"를 각각 입력한다.

▶ ID속성난과 Text 속성난에 "캐릭터나라"를 각각 입력

⑤ 캐릭터나라를 복사하여 캐릭터라인과 캐니멀을 각각 작성한다.

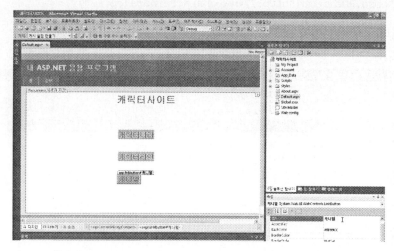

▶ 캐릭터나라를 복사하여 캐릭터라인과 캐니멀을 각각 작성

2.2 캐릭터사이트폼 프로그램

① 캐릭터사이트 링크버튼을 클릭하였을 때 동작하는 이벤트 프러시저이다.

Protected Sub 캐릭터나라_Click(sender As Object, e As EventArgs) Handles 캐릭터나라.Click

Response.Redirect("http://www.characternara.co.kr")

End Sub

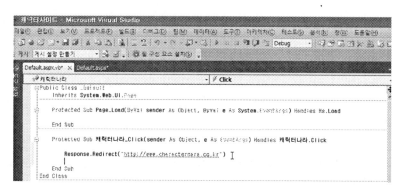

▶ 캐릭터사이트 링크버튼을 클릭하였을 때 동작하는 이벤트 프러시저

② 링크버튼의 경우 Response.Redirect() 명영어를 이용하여 해당 사이트를 호출한다.

Response.Redirect("http://www.characternara.co.kr")

③ 캐릭터사이트의 전체 프로그램이다.

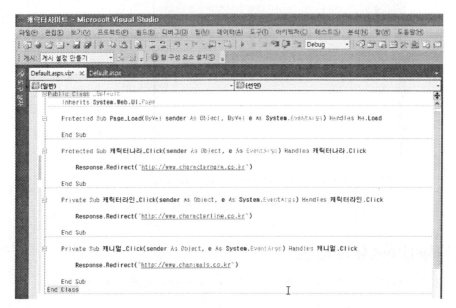

▶ 캐릭터사이트의 전체 프로그램

프로그램 🔍 │ 캐릭터사이트 프로그램

```
Public Class _Default
    Inherits System.Web.UI.Page

    Protected Sub 캐릭터나라_Click(sender As Object, e As EventArgs) Handles
캐릭터나라.Click

        Response.Redirect("http://www.characternara.co.kr")

    End Sub

    Private Sub 캐릭터라인_Click(sender As Object, e As System.EventArgs) Handles
캐릭터라인.Click
```

```
        Response.Redirect("http://www.characterline.co.kr")

    End Sub

    Private Sub 캐니멀_Click(sender As Object, e As System.EventArgs)
Handles 캐니멀.Click

        Response.Redirect("http://www.canimals.co.kr")

    End Sub
End Class
```

2.3 캐릭터사이트폼 실행

① 캐릭터사이트 실행 초기화면이다.

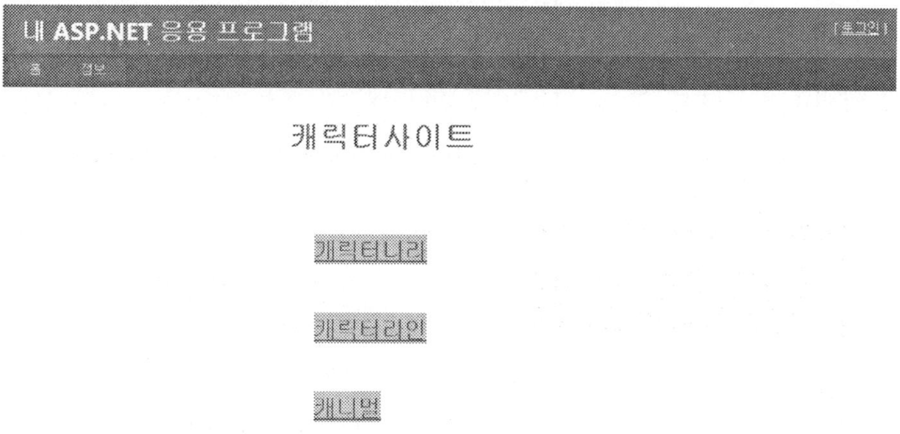

▶ 캐릭터사이트 실행 초기화면

② 캐릭터나라 링크버튼을 클릭하여 캐릭터나라사이트를 호출한다.

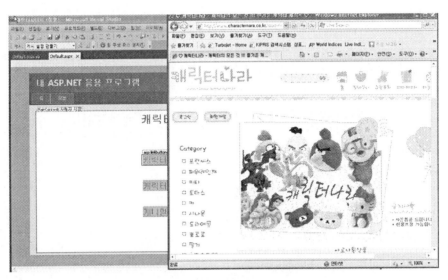

▶ 캐릭터나라 링크버튼을 클릭

③ 캐니멀사이트를 호출한 화면이다.

▶ 캐니멀사이트를 호출한 화면

3. 컨텐츠사이트폼

3.1 컨텐츠테이블

① 컨텐츠, 사이트, 주소필드들로 이루어진 컨텐츠트테이블을 작성한다.

컨텐츠	
필드 이름	데이터 형식
컨텐츠	텍스트
사이트	텍스트
주소	텍스트

▶ 컨텐츠, 사이트, 주소필드들로 이루어진 컨텐츠트테이블을 작성

② 각 사이트들의 구분과 주소를 각각 입력한다.

컨텐츠 ▾	사이트 ▾	주소 ▾
캐릭터	캐릭터나라	http://www.characternara.co.kr
캐릭터	캐릭터라인	http://www.characetrline.com
캐릭터	캐니멀	http://www.canimals.co.kr
애니메이션	온나다	http://www.onnada.com
애니메이션	카툰네트워크	http://www.cartoonnetworkkorea.
애니메이션	애니맥스	http://www.animaxtv.co.kr
애니메이션	블루몽키	http://www.bluemonkey.co.kr
만화	스튜디오그리기	http://www.grigi.net
만화	짱만화	http://www.zzangcomic.co.kr
만화	세븐북	http://www.sevenbook.co.kr
*		

▶ 각 사이트들의 구분과 주소를 각각 입력

3.2 컨텐츠사이트폼 작성

① 이름난에 "컨텐츠사이트"를 입력한 후, 확인버튼을 클릭한다.

▶ 이름난에 "컨텐츠사이트"를 입력한 후, 확인버튼을 클릭

② 도구상자에서 드롭다운리스트를 폼으로 끌어와 위치시킨다. 오른쪽마우스를 이용하여 "AutoPostBack 사용"을 클릭한다.

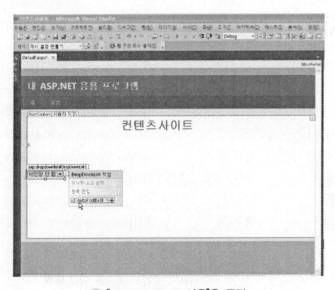

▶ "AutoPdstBack 사용"을 클릭

③ ID 난을 이용하여 "컨텐츠"로 입력하고, AutoPostBack 난이 True 로 지정된 것을
확인할 수 있다.

▶ AutoPostBack 난이 True 로 지정된 것을 확인

④ 도구상자에서 Table을 선택하여 끌어온다.

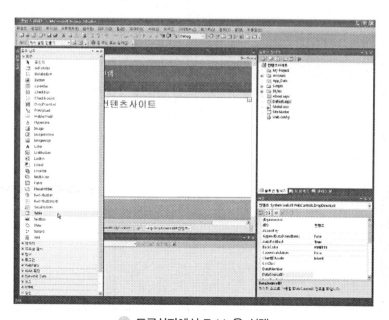

▶ 도구상자에서 Table을 선택

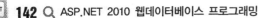

⑤ ID 난을 이용하여 "사이트테이블"로 지정한다.

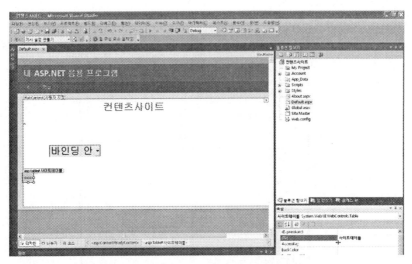

▶ ID 난을 이용하여 "사이트테이블"로 지정

⑥ 속성창의 Rows난을 클릭하면 TableRow 컬렉션 편집기창이 표시된다.

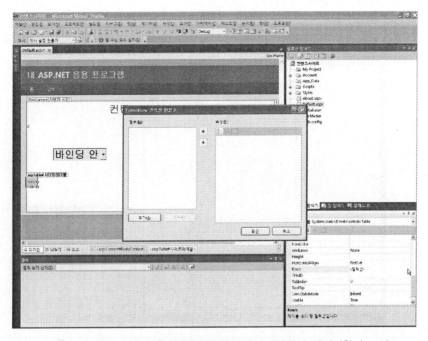

▶ 속성창의 Rows난을 클릭하면 TableRow 컬렉션 편집기창이 표시

⑦ TableRow 컬렉션 편집기창에서 Cells 난의 우측버튼을 클릭한다.

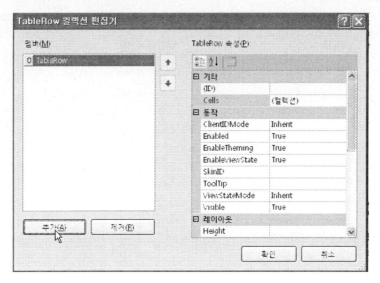

▶ TableRow 컬렉션 편집기창에서 Cells 난의 우측버튼을 클릭

⑧ TableCell 컬렉션 편집기창이 표시된다.

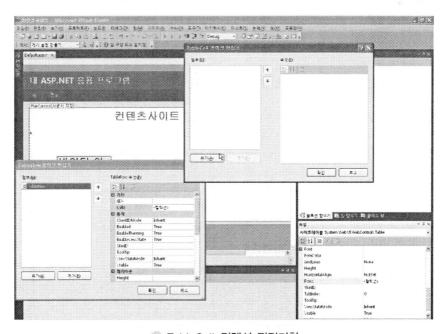

▶ TableCell 컬렉션 편집기창

⑨ 추가버튼을 클릭하여 TableCell을 추가한다.

▶ 추가버튼을 클릭하여 TableCell을 추가

⑩ Text 속성난에 "사이트"를 입력한다.

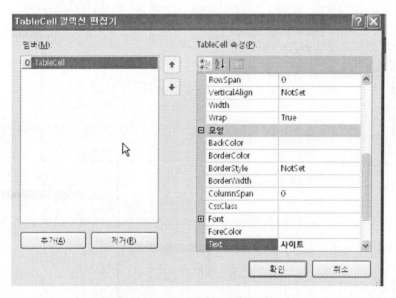

▶ Text 속성난에 "사이트"를 입력

⑪ ID 난에도 "사이트"를 입력한다.

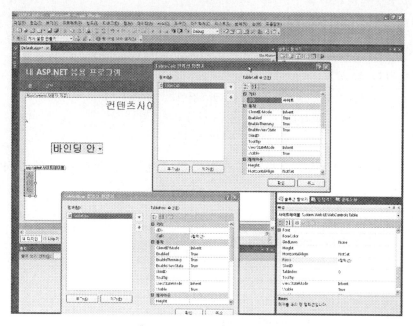

◉ ID 난에도 "사이트"를 입력

3.3 컨텐츠사이트 프로그램

① Protected Sub 컨텐츠_SelectedIndexChanged(sender As Object, e As EventArgs)
Handles 컨텐츠.SelectedIndexChanged
컨텐츠드롭다운리스트를 변경하면 동작하는 프러시저이다.

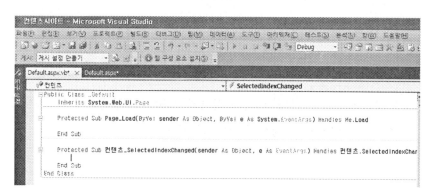

◉ 컨텐츠드롭다운리스트를 변경하면 동작하는 프러시저

② strsql = "select distinct 컨텐츠 from 컨텐츠 "

　strsql = strsql & " order by 컨텐츠 "

　rs.Open(strsql)

컨텐츠테이블에서 컨텐츠를 하나씩만 검색한다.

③ Do Untilrs.EOF

　　　　컨텐츠.Items.Add(rs.Fields!컨텐츠.Value)

　　　　rs.MoveNext()

　Loop

위에서 검색한 컨텐츠필드의 값들을 폼의 컨텐츠드롭다운리스트에 하나씩만 입력한다.

④ Do Untilrs.EOF

　　　　Dim tablerow As New TableRow

　　　　Dim cell As New TableCell

　　　　Dim 사이트 As New HyperLink

　　　　cell.Controls.Add(사이트)

　　　　사이트.Text = rs.Fields!사이트.Value

　　　　사이트.NavigateUrl = rs.Fields!주소.Value

　　　　tablerow.Cells.Add(cell)

　　　　사이트테이블.BackColor = Drawing.Color.Orange

　　　　사이트테이블.Rows.Add(tablerow)

　　　　rs.MoveNext()

　Loop

사이트테이블에 사이트들의 이름을 하나씩 입력한다. 입력한 후, 이들사이트중 원하는 사이트를 클릭하면 해당사이트로 이동할 수 있다.

프로그램 Q | 컨텐츠 프로그램

```
Public Class _Default
    Inherits System.Web.UI.Page

    Dim cn As ADODB.Connection
    Dim rs As ADODB.Recordset

    Dim strsql As String

'''''''''''''''''''''''''''''''''''''''''''''''''''''''''''''''''''''''''''
    '   프로그램  :  컨텐츠
    '
    '   설    명  : 1. 컨텐츠테이블을 검색하여 컨텐츠드롭다운리스트에 입력
    '              2. 처음의 컨텐츠의 사이트들을 사이트테이블에 표시
    '              3. 컨텐츠드롭다운리스트에서 다른 컨텐츠를 선택하면
    '                 해당 컨텐츠의 사이트들을 사이트테이블에 표시
    '              4. 사이트테이블의 사이트를 클릭하면 해당 사이트를 호출
    '                         '
    '   작성일자  : 2013년 7월  5일
    '
    '   테이블    : 컨텐츠.accdb  -  컨텐츠테이블
'''' '''''''''''''''''''''''''''''''''''''''''''''''''''''''''''''''''''''''
    Protected Sub Page_Load(ByVal sender As Object, ByVal e AsSystem.EventArgs)
Handles Me.Load

        ' 사용할 데이터베이스를 지정
        '
        cn = New ADODB.Connection
        cn.Open("Provider=Microsoft.ACE.OLEDB.12.0;Data  Source=d:\ASP2010
\데이터베이스\컨텐츠.accdb")

        rs = New ADODB.Recordset
        rs.ActiveConnection = cn

        If Not Page.IsPostBack Then        '페이지가 처음 요청될 때만 실행
```

```
strsql = "select distinct 컨텐츠 from 컨텐츠 "
strsql = strsql & " order by 컨텐츠 "

rs.Open(strsql)

' 검색한 이름을 Do - Loop 명령어를 이용하여
' 컨텐츠드롭다운리스트에 입력

Do Untilrs.EOF

    컨텐츠.Items.Add(rs.Fields!컨텐츠.Value)
    rs.MoveNext()

Loop

rs.Close()

' 처음 선택된 컨텐츠의 사이트들을 검색하여
' 사이트테이블에 표시
strsql = "select * from 컨텐츠 "
strsql = strsql & " where 컨텐츠 = '" & 컨텐츠.SelectedItem.Text & "'"

rs.Open(strsql)

rs.MoveFirst()

Do Untilrs.EOF

    Dim tablerow As New TableRow
    Dim cell As New TableCell
    Dim 사이트 As New HyperLink

    cell.Controls.Add(사이트)

    사이트.Text = rs.Fields!사이트.Value

    사이트.NavigateUrl = rs.Fields!주소.Value
```

```
        tablerow.Cells.Add(cell)

        사이트테이블.BackColor = Drawing.Color.Orange

        사이트테이블.Rows.Add(tablerow)
        rs.MoveNext()


    Loop

    rs.Close()

  End If
End Sub


  Protected Sub 컨텐츠_SelectedIndexChanged(sender As Object, e As EventArgs)
Handles 컨텐츠.SelectedIndexChanged
    '
    ' 컨텐츠 드롭다운리스트에서 컨텐츠를 선택하면
    ' 사이트이름을 사이트테이블에 표시하고
    ' 이를 클릭하면 사이트.NavigateUrl 을 이용하여 해당 사이트를 호출
    '
    strsql = "select * from 컨텐츠 "
    strsql = strsql & " where 컨텐츠 = '" & 컨텐츠.SelectedItem.Text & "'"

    rs.Open(strsql)

    rs.MoveFirst()

    Do Untilrs.EOF

        Dim tablerow As New TableRow
        Dim cell As New TableCell
        Dim 사이트 As New HyperLink

        cell.Controls.Add(사이트)
```

```
        사이트.Text = rs.Fields!사이트.Value

        사이트.NavigateUrl = rs.Fields!주소.Value

        tablerow.Cells.Add(cell)

        사이트테이블.BackColor = Drawing.Color.Orange

        사이트테이블.Rows.Add(tablerow)
        rs.MoveNext()


    Loop

    rs.Close()

  End Sub
End Class
```

3.4 컨텐츠사이트폼 실행

① 컨텐츠사이트 초기화면이다. 드롭다운리스트에 만화를 선택하면 사이트테이블에 스튜디오그리기, 짱만화, 세븐북을 각각 표시한다.

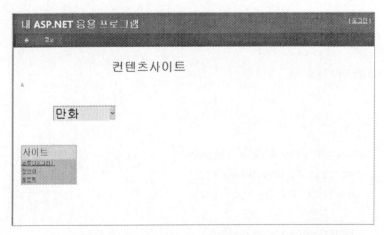

▶ 사이트테이블에 스튜디오그리기, 짱만화, 세븐북을 각각 표시

② 사이트테이블에서 짱만화를 클릭하면 짱만화사이트로 이동한다.

▶ 짱만화사이트로 이동

③ 드롭다운리스트에서 애니메이션을 선택하면 사이트테이블에 온나라, 카툰네트워크, 애니맥스, 블루몽키를 각각 표시한다.

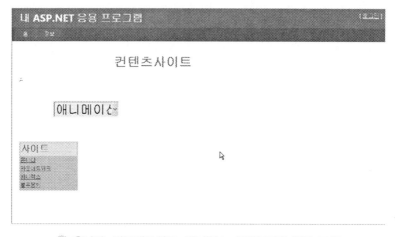

▶ 온나라, 카툰네트워크, 애니맥스, 블루몽키를 각각 표시

④ 애니맥스를 클릭하면 애니맥스사이트를 호출한다.

애니맥스를 클릭하면 애니맥스사이트를 호출

제7장
우리시

시인드롭다운리스트에서김서월을 선택하면 시목록상자에 김소월시인의 시들을 표시한다. 이시들중 진달래꽃을 선택한 후, 검색명령버튼을 클클릭하면 진달래꽃 시를 내용테이블에 표시한다.

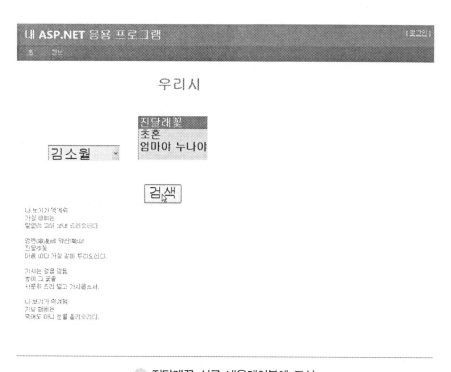

▶ 진달래꽃 시를 내용테이블에 표시

주요점

1. 메모형식필드

2. CTRL + Enter키를 이용하여 한 필드에 여러줄 입력

3. Listbox-목록상자 컨트롤

4. content = Replace(rs.Fields!내용.Value, Chr(13), "<br>")

5. strsql = "select * from 시"
   strsql = strsql & " where 제목 = '" & 시.SelectedItem.Text & "'"

1. 시테이블

① 이름과 제목필드를 텍스트형식으로 지정하고, 내용필드는 메모형식으로 지정한다.

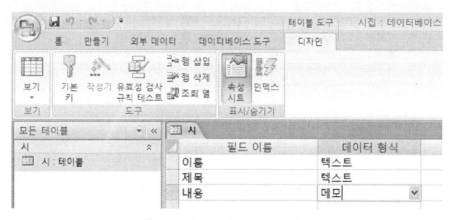

▶ 내용필드는 메모형식으로 지정

② 이름과 제목, 내용필드에 각각 입력한다. 내용필드는 한 줄로 이루어진 것이 아니고, 시의 행수만큼만큼 입력되어 있다. 김소월, 진달래꽃을 입력한 후, 내용필드에서 줄 단위로 입력하기 위하여는 계속 입력하는 것이 아니고, 한 줄을 입력한 후, CTRL + Enter키를 눌러 다음줄을 입력한다.

이름 ↓	제목	내용
김소월	진달래꽃	나 보기가 역겨워
김소월	초혼	뭐락카노, 저편 강 기슭에서
박목월	이별가	산산이 부서진 이름이여!
무명	이상곡(履霜曲)	비가 오다가 개더니 다시 눈이 많이 오신 날에
이규보	여름날	대자리를 깔고 가벼운 옷으로
김소월	엄마야 누나야	엄마야 누나야 강변(江邊)살자,
박목월	임에게	안타까운

▶ CTRL + Enter키를 눌러 다음줄을 입력

③ 진달래꽃의 다른 행의 내용을 확인할 수 있다.

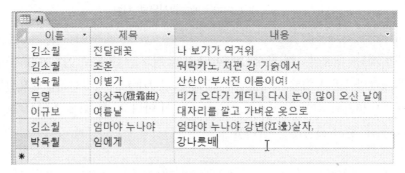

> ▶ 진달래꽃의 다른 행의 내용을 확인

④ 박목월시인의 임에게에서도 다른 행의 내용을 확인할 수 있다.

이름	제목	내용
김소월	진달래꽃	나 보기가 역겨워
김소월	조혼	뭐락카노, 저편 강 기슭에서
박목월	이별가	산산이 부서진 이름이여!
무명	이상곡(履霜曲)	비가 오다가 개더니 다시 눈이 많이 오신 날에
이규보	여름날	대자리를 깔고 가벼운 옷으로
김소월	엄마야 누나야	엄마야 누나야 강변(江邊)살자,
박목월	임에게	강나룻배

> ▶ 박목월시인의 임에게

2. 우리시 폼

2.1 우리시폼 작성

① 새 프로젝트창에서 이름난에 "우리시"를 입력한 후, 확인버튼을 클릭한다.

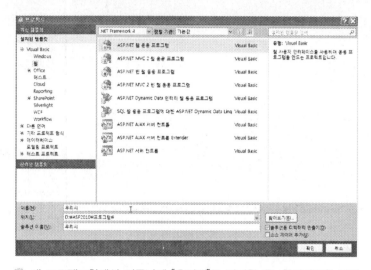

▶ 새 프로젝트창에서 이름난에 "우리시"를 입력한 후, 확인버튼을 클릭

② 디자인화면에서 드롭다운리스트를 폼에 위치시킨 후, → 를 클릭하여 AutoPostBack 속성을 체크한다.

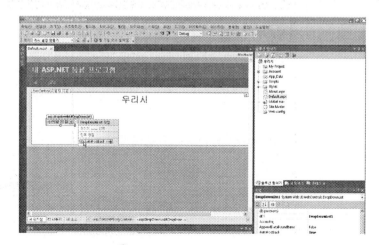

▶ AutoPostBack 속성을 체크

③ 속성창의 ID난을 이용하여 이름을 "시인"으로 지정한다.

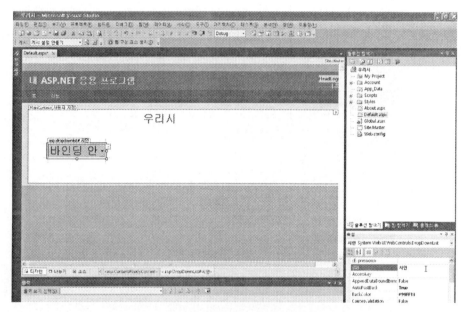

▶ 이름을 "시인"으로 지정

④ 도구상자에서 목록상자를 끌어와 폼에 위치시킨다.

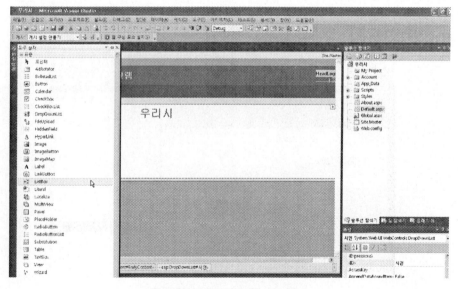

▶ 목록상자를 끌어와 폼에 위치

⑤ 목록상자의 이름을 시로 지정한다.

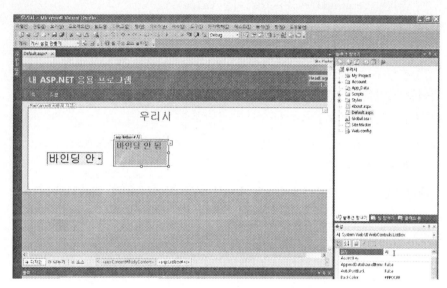

> ▶ 목록상자의 이름을 시로 지정

2.2 우리시폼 프로그램

① 리스트박스컨트롤(목록상자)

여러 값을 표시할 때 사용하는 컨트롤이다. 김소월시인의 시들을 표시한다면 한 개의 시만 있는 것이 아니고, "진달래꽃", "엄마야 누나야", "초혼"등의 시가 있으므로 이들을 한 꺼번에 표시하기 편리하다. 그리고 리스트박스에서 선택한 값은 SelectedItem.Value로 나타낸다. 그리고 필요에 따라 여러 값을 한꺼번에 선택할 수도 있다.

② strsql = "select distinct 이름 from 시"

strsql = strsql & " order by 이름"

rs.Open(strsql)

시테이블을 이용하여 시인을 한 분씩 검색한다. 그리고 같은 이름이 여럿이 검색된다면 한사람만 검색한다.

③ Do Until rs.EOF

     시인.Items.Add(rs.Fields!이름.Value)

     rs.MoveNext()

  Loop

검색한 시인을 시인드롭다운리스트에 입력한다.

④ strsql = "select * from 시"

strsql = strsql & " where 이름 = '" & 시인.SelectedItem.Text & "'"

rs.Open(strsql)

시테이블에서 시인드롭다운리스트에서 선택한 시인의 시를 검색한다.

⑤ rs.MoveFirst()

Do Untilrs.EOF

     시.Items.Add(rs.Fields!제목.Value)

     rs.MoveNext()

Loop

시인의 시를 시목록상자에 하나씩 입력한다.

프로그램 🔍 | 우리시

```
Public Class _Default
    Inherits System.Web.UI.Page

    Dim cn As ADODB.Connection
    Dim rs As ADODB.Recordset

    Dim strsql As String

'''''''''''''''''''''''''''''''''''''''''''''''''''''''''''''''''''''''''''
'   프로그램 : 우리시
'
'   설    명 : 1. 시인드롭다운리스트에서 시인을 선택하면
'               시목록상자에 해당 시인의 시들을 표시
```

```
'                         '
'  작성일자  : 2013년 7월  5일
'
'  수정일자  : 2013년 10월  9일
'
'  테이블    : 시집.accdb  - 시테이블
''' '''''''''''''''''''''''''''''''''''''''''''''''''''''''''''
Protected Sub Page_Load(ByVal sender As Object, ByVal e As System.
EventArgs) Handles Me.Load



    ' 사용할 데이터베이스를 지정
    '
    cn = New ADODB.Connection
    cn.Open("Provider=Microsoft.ACE.OLEDB.12.0;Data  Source=d:\ASP2010
\데이터베이스\시집.accdb")

    rs = New ADODB.Recordset
    rs.ActiveConnection = cn

    If Not Page.IsPostBack Then       '페이지가 처음 요청될 때만 실행

        strsql = "select distinct 이름 from 시 "
        strsql = strsql & " order by 이름 "

        rs.Open(strsql)

        ' 검색한 시인이름을 Do - Loop 명령어를 이용하여
        ' 시인드롭다운리스트에 입력

        Do Until rs.EOF

            시인.Items.Add(rs.Fields!이름.Value)
            rs.MoveNext()

        Loop
```

```
        rs.Close()

        ' 처음 선택된 시인의 시들을 검색하여
        ' 시목록상자에 표시

        strsql = "select * from 시 "
        strsql = strsql & " where 이름 = '" & 시인.SelectedItem.Text & "'"

        rs.Open(strsql)

        시.Items.Clear()

        rs.MoveFirst()

        Do Untilrs.EOF


            시.Items.Add(rs.Fields!제목.Value)
            rs.MoveNext()



        Loop

        rs.Close()
    End If


End Sub

Protected Sub 시인_SelectedIndexChanged(sender As Object, e As EventArgs)
Handles 시인.SelectedIndexChanged


    ' 처음 선택된 시인의 시들을 검색하여
    ' 시목록상자에 표시

    시.Items.Clear()
```

```
strsql = "select * from 시 "
strsql = strsql & " where 이름 = '" & 시인.SelectedItem.Text & "'"

rs.Open(strsql)

rs.MoveFirst()

Do Untilrs.EOF


    시.Items.Add(rs.Fields!제목.Value)
    rs.MoveNext()


Loop

rs.Close()
End Sub
```

2.3 우리시폼 실행

① 시인드롭다운리스트에서 초기화면으로 김소월시인과 "진달래꽃", "초혼", "엄마야 누나야"를 확인할 수 있다.

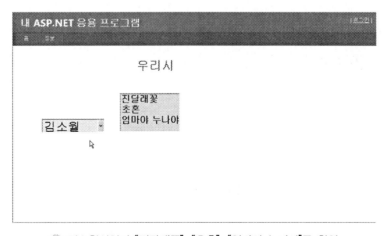

▶ 김소월시인과 "진달래꽃", "초혼", "엄마야 누나야"를 확인

② 드롭다운리스트에서 박목월을 선택하면 박목월시인의 시 "이별가", "임에게"를 확인
할 수 있다.

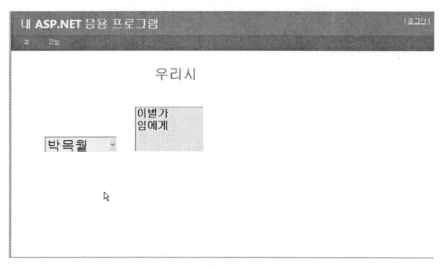

▶ 박목월시인의 시 "이별가", "임에게"를 확인

③ 이규보를 선택하면 이규보시인의 "여름날"을 확인할 수 있다.

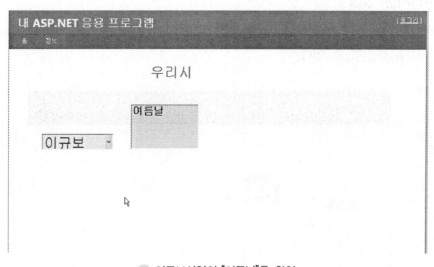

▶ 이규보시인의 "여름날"을 확인

3. 우리시-검색폼

3.1 우리시-검색폼 작성

① 시목록상자에서 선택한 시를 검색할 수 있는 검색명령버튼을 작성한다.

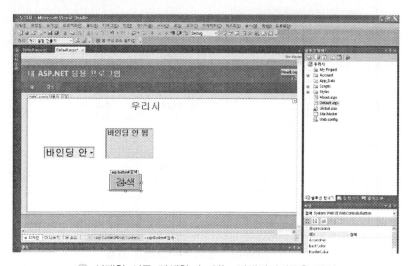

◉ 선택한 시를 검색할 수 있는 검색명령버튼을 작성

② 검색한 시를 표시할 수 있도록 테이블을 폼에 위치시킨다. 이름을 내용으로 지정한다.

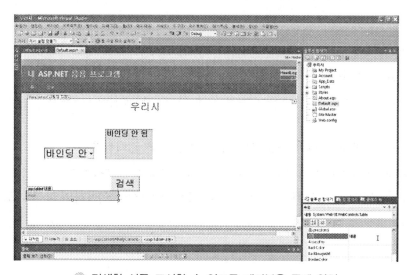

◉ 검색한 시를 표시할 수 있도록 테이블을 폼에 위치

③ 속성창에서 Rows난을 클릭하여 TableRow 컬렉션편집기창을 호출한다. 여러개의
칸을 만들거나 이름을 지정시에 이 창을 이용한다.

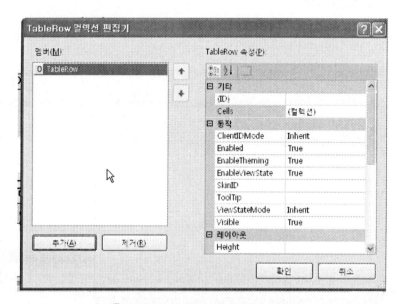

▶ TableRow 컬렉션편집기창을 호출

3.2 우리시-검색폼 프로그램

① Dim tablerow As New TableRow

  Dim cell As New TableCell

  Table에 값을 입력 시에 tablerow와 cell을 이용하여 값을 입력한다.

② strsql = "select * from 시 "

  strsql = strsql & " where 제목 = '" & 시.SelectedItem.Text & "'"
  rs.Open(strsql)

  시목록상자에서 선택한 시를 이용하여 해당 시를 검색한다.

③ content = Replace(rs.Fields!내용.Value, Chr(13), "<br>")

  시테이블의 내용 필드에 들어 있는 시의 〈Enter키〉값을 이용하여 다른 줄로 줄을 바
  꾼다.

④ cell.Text = content
   tablerow.Cells.Add(cell)
   내용.Rows.Add(tablerow)

내용테이블에 시 내용을 표시한다.

프로그램 🔍 | 우리시-검색폼 프로그램

```
Public Class _Default
    Inherits System.Web.UI.Page

    Dim cn As ADODB.Connection
    Dim rs As ADODB.Recordset

    Dim strsql As String


''''''''''''''''''''''''''''''''''''''''''''''''''''''''''''''''''''
    '   프로그램   :  우리시-검색폼
    '
    '   설     명  : 1. 시인드롭다운리스트에서 시인을 선택하면
    '                   시목록상자에 해당 시인의 시들을 표시
    '                 2. 시목록상자에서 시를 선택한 후, 검색버튼을
    '                   클릭하면 해당 시를 내용테이블에 표시
    '
    '   작성일자   : 2013년 7월  5일
    '
    '   수정일자   : 2013년 10월  9일
    '
    '   테이블     : 시집.accdb - 시테이블
''''' '''''''''''''''''''''''''''''''''''''''''''''''''''''''''''''''
    Protected Sub Page_Load(ByVal sender As Object, ByVal e As System. EventArgs)
Handles Me.Load

        ' 사용할 데이터베이스를 지정
        '
        cn = New ADODB.Connection
```

```
        cn.Open("Provider=Microsoft.ACE.OLEDB.12.0;Data  Source=d:\ASP2010
\데이터베이스\시집.accdb")

        rs = New ADODB.Recordset
        rs.ActiveConnection = cn

        If Not Page.IsPostBack Then        '페이지가 처음 요청될 때만 실행

            strsql = "select distinct 이름 from 시 "
            strsql = strsql & " order by 이름 "

            rs.Open(strsql)

            ' 검색한 시인이름을 Do - Loop 명령어를 이용하여
            ' 시인드롭다운리스트에 입력
            Do Untilrs.EOF

                시인.Items.Add(rs.Fields!이름.Value)
                rs.MoveNext()

            Loop

            rs.Close()

            ' 처음 선택된 시인의 시들을 검색하여
            ' 시목록상자에 표시

            strsql = "select * from 시 "
            strsql = strsql & " where 이름 = '" & 시인.SelectedItem.Text & "'"

            rs.Open(strsql)

            시.Items.Clear()

            rs.MoveFirst()

            Do Untilrs.EOF
```

```
        시.Items.Add(rs.Fields!제목.Value)
        rs.MoveNext()

    Loop

        rs.Close()
    End If


End Sub

Protected Sub 시인_SelectedIndexChanged(sender As Object, e As EventArgs)
Handles 시인.SelectedIndexChanged


    ' 처음 선택된 시인의 시들을 검색하여
    ' 시목록상자에 표시

    시.Items.Clear()

    strsql = "select * from 시 "
    strsql = strsql & " where 이름 = '" & 시인.SelectedItem.Text & "'"

    rs.Open(strsql)

    rs.MoveFirst()

    DoUntil rs.EOF

        시.Items.Add(rs.Fields!제목.Value)
        rs.MoveNext()

    Loop

        rs.Close()
    End Sub
```

```vb
    Protected Sub 검색_Click(sender As Object, e As EventArgs) Handles 검
색.Click

        ' 시목록상자에서 선택한 시의 내용을
        ' 내용테이블에 표시한다.

        Dim tablerow As New TableRow
        Dim cell As New TableCell
        Dim content As String

        strsql = "select * from 시 "
        strsql = strsql & " where 제목 = '" & 시.SelectedItem.Text & "'"

        rs.Open(strsql)

        content = Replace(rs.Fields!내용.Value, Chr(13), "<br>")

        cell.Text = content

        tablerow.Cells.Add(cell)

        내용.Rows.Add(tablerow)

        rs.Close()

    End Sub
End Class
```

3.3 우리시-검색폼 실행

① 김소월을 선택하면 김소월시인의 시들을 시목록상자에 표시한다.

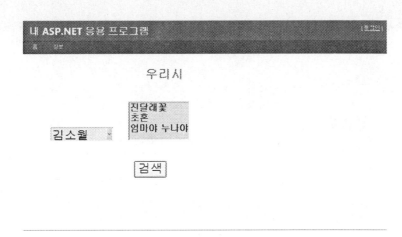

▶ 김소월시인의 시들을 시목록상자에 표시

② 진달래꽃을 선택한 후, 검색명령버튼을 클릭하면 진달래꽃 시를 내용테이블에 표시한다.

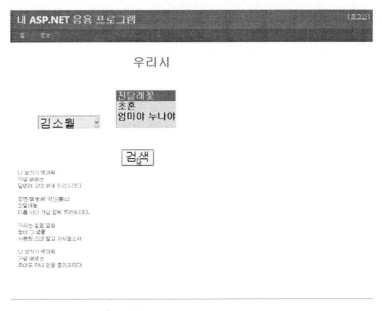

▶ 진달래꽃 시를 내용테이블에 표시

③ 박목월을 선택하면 박목월시인의 시들을 시목록상자에 표시한다.

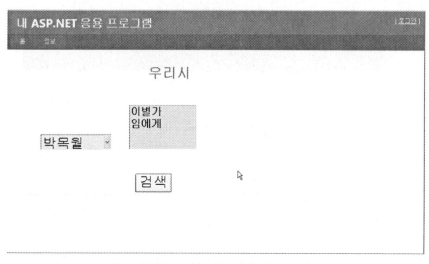

▶ 박목월시인의 시들을 시목록상자에 표시

④ "임에게"를 선택한 후, 검색명령버튼을 클릭하면 임에게 시를 내용테이블에 표시한다.

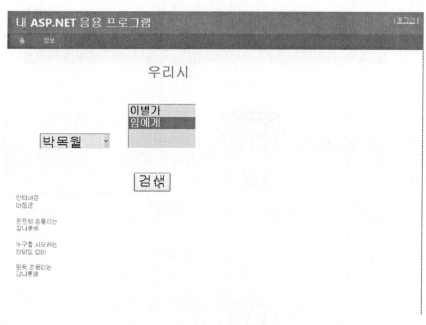

▶ 임에게 시를 내용테이블에 표시

⑤ 이규보를 선택하면 이규보시들을 시목록상자에 표시한다.

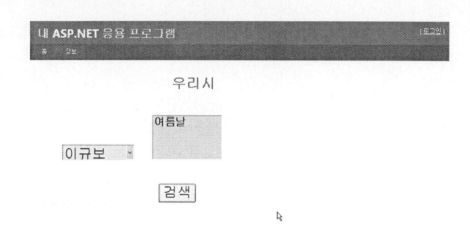

▶ 이규보시들을 시목록상자에 표시

⑥ 여름날을 선택한 후, 검색명령버튼을 클릭하면 여름날시를 내용테이블에 표시한다.

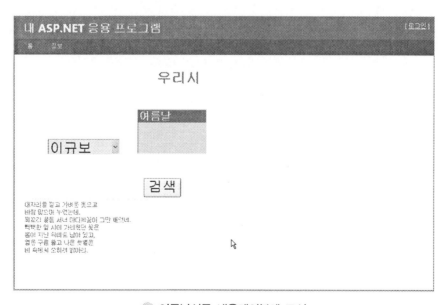

▶ 여름날시를 내용테이블에 표시

제8장
학원관리

홍길동을 검색하면 주소, 전화번호등 인적정보는 학원생테이블을 검색하여 보여주고, 국어와 논술과목을 등록하였음을 보여주는 정보는 등록테이블을 검색하여 보여준다. 2013-12월 홍길동학생은 국어와 논술을 등록하였다.

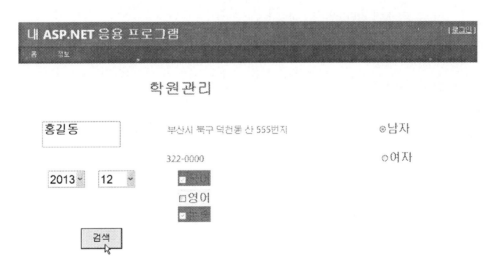

▶ 홍길동을 검색하면 국어와 논술과목을 등록하였음을 표시

주요점

1. 3개 테이블
   학원생테이블 – 학원생 인적정보관리
   등록테이블 – 과목등록여부를 관리
   수강료테이블 – 각 과목의 수강료금액을 관리

2. 라디오버튼컨트롤 – 남자 여자 구분

3. 남자.Checked = True

4. ListItem의 컬렉션편집기창
   ListItem 이용

5. 체크박스 – 각 과목등록여부를 표시하기 위하여 사용
   한 개를 선택하여도 되고, 여러개를 선택하여도 된다.
   이 점이 라디오버튼과 다르다.

6. 년.Text = Year(Today)
   Text = Month(Today)

7. Call 과목등록체크( )

8. 국어.Enabled = False

1. 테이블

학원관리에서는 학원생을 관리하는 학원생테이블과 등록여부를 관리하는 등록테이블, 그리고 수강료를 관리하는 수강료테이블로 3개의 테이블이 필요하다.

1.1 학원생테이블

① 학원생테이블은 이름, 주소, 전화번호, 성별등의 필드가 필요하다.

🔲 학원생	
필드 이름	데이터 형식
이름	텍스트
주소	텍스트
전화번호	텍스트
성별	텍스트

▶ 학원생테이블은 이름, 주소, 전화번호, 성별등의 필드가 필요

② 학원생테이블 열기화면이다. 학원생의 주소, 전화번호, 성별등을 관리한다.

🔲 학원생			
이름 ▾	주소 ▾	전화번호 ▾	성별 ▾
강달용	강원도 삼척시 삼척동 555	55-8987	M
김경미	부산시 중구 광복동 353	255-0323	F
김만수	제주도 서귀포시 석달동 365	33-2735	M
김진덕	서울시 용산구 청파2동 514	712-3445	M
류길진	서울시 서초구 서초동 456	574-3943	M
박길덕	인천시 남구 중랑동 103	543-2326	M
박덕희	경상남도 독도시 해안동 100	700-1234	F
박수홍	부산시 금정구 장전동 347	883-5577	M
한수미	경남 마산시 431	495-2343	F
홍길동	부산시 북구 덕천동 산 555번지	322-0000	M

▶ 학원생테이블 열기화면

1.2 등록테이블

① 등록테이블은 이름, 등록년, 등록월, 과목, 금액필드들로 구성된다. 여기서 등록년과 등록월을 텍스트형식으로 지정한다.

필드 이름	데이터 형식
이름	텍스트
등록년	텍스트
등록월	텍스트
과목	텍스트
금액	숫자

▶ 등록테이블은 이름, 등록년, 등록월, 과목, 금액필드들로 구성

② 등록테이블 열기화면이다. 홍길동은 2013년 12월에 국어와 논술을 등록하였다.

이름	등록년	등록월	과목	금액
박길덕	2013	12	영어	80000
박길덕	2013	12	논술	50000
박수홍	2013	6	국어	60000
박수홍	2013	6	논술	50000
박수홍	2013	10	국어	70000
박수홍	2013	10	논술	50000
박수홍	2013	10	영어	80000
한수길	2013	10	논술	50000
한수길	2013	10	국어	70000
한수길	2013	10	영어	80000
홍길동	2013	12	국어	70000
홍길동	2013	12	논술	50000

▶ 등록테이블 열기화면

1.3 수강료테이블

① 수강료테이블은 과목과 금액필드로 구성된다.

수강료	
필드 이름	데이터 형식
과목	텍스트
금액	숫자

▶ 수강료테이블은 과목과 금액필드로 구성

② 수강료테이블 열기화면이다.

수강료	
과목 ▾	금액 ▾
국어	70000
영어	80000
논술	50000
*	0

▶ 수강료테이블 열기화면

도움말 학원등록관리하는데는 최소 3개의 테이블이 필요하다. 등록하는데 수강료테이블이 필요한 데, 이번 프로그램에서는 작성하지 않았으므로 이 테이블은 사용하지 않았다.

2. 학원생 검색폼

2.1 학원생검색 폼 작성

① 새 프로젝트창에서 이름난에 학원생을 입력한 후, 확인버튼을 클릭한다.

▶ 이름난에 학원생을 입력한 후, 확인버튼을 클릭

② 폼 디자인화면에서 이름텍스트박스, 주소, 전화번호레이블, 검색명령버튼을 각각 작성한다.

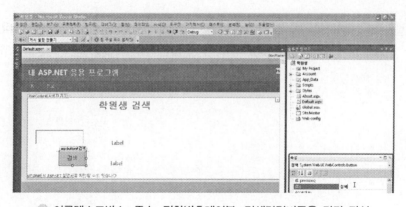

▶ 이름텍스트박스, 주소, 전화번호레이블, 검색명령버튼을 각각 작성

③ 학원생을 남자, 여자로 구분할 수 있도록 도구상자에서 라디오버튼을 폼에 위치시킨다.

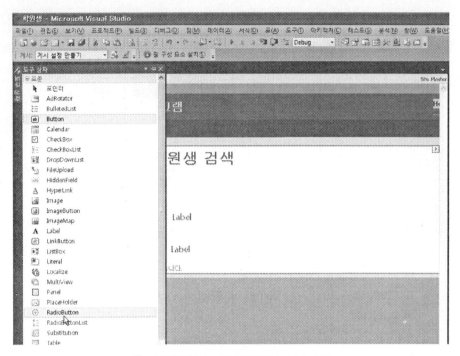

▶ 도구상자에서 라디오버튼을 폼에 위치

④ 라디오버튼의 이름을 남자로 지정하고, Text 속성에서도 남자로 지정한다.

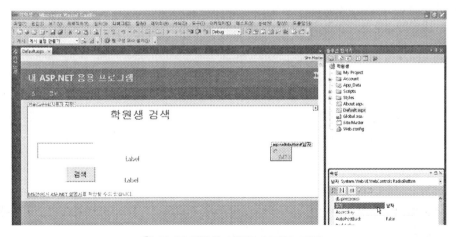

▶ 라디오버튼의 이름을 남자로 지정

⑤ 같은 방식으로 여자라디오버튼을 작성한다.

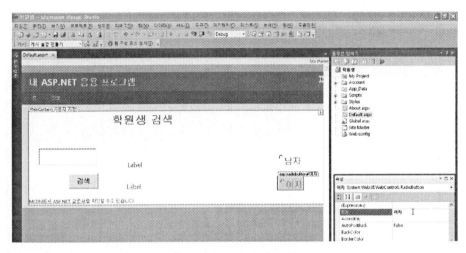

▶ 여자라디오버튼을 작성

도움말 라디오버튼의 속성으로 남자, 여자 둘 다 지정할 수 없다. 남자를 선택하거나, 여자를 선택하거나 할 수 있다.

이 부분이 후분부에 나오는 체크박스와 성질이 다르다.

2.2 학원생 검색폼 프로그램

① 남자.Checked = True

남자라디오버튼에 체크한다. 즉 이 학원생이 남자이다는 것을 표시한다.

② If (rs.Fields!성별.Value = "M") Then

　　　　남자.Checked = True

　　Else

　　　　여자.Checked = True

End If

성별필드의 값이 M 이면 남자라디오버튼에 체크하고, 아니면 여자라디오버튼에 체크한다.

> 프로그램 🔍 | 학원생 검색 프로그램

```
Public Class _Default
    Inherits System.Web.UI.Page

    Dim cn As ADODB.Connection
    Dim rs As ADODB.Recordset

    Dim strsql As String

'''''''''''''''''''''''''''''''''''''''''''''''''''''''''''''''''''''''''
    '  프로그램  :  학원생검색
    '
    '  설    명  : 1. 학원생테이블에서 학원생을 검색하는 프로그램
    '                        '
    '  작성일자  : 2013년 12월  17일
    '
    '  테이블    : 학원관리.accdb  -  학원생테이블
    ''' '''''''''''''''''''''''''''''''''''''''''''''''''''''''''''''''''''
    Protected Sub Page_Load(ByVal sender As Object, ByVal e As System.EventArgs)
Handles Me.Load
        ' 사용할 데이터베이스를 지정
        '
        cn = New ADODB.Connection
        cn.Open("Provider=Microsoft.ACE.OLEDB.12.0;Data  Source=d:\ASP2010
\데이터베이스\학원관리.accdb")

        rs = New ADODB.Recordset
        rs.ActiveConnection = cn

    End Sub

    Protected Sub 검색_Click(sender As Object, e As EventArgs) Handles 검
색.Click

        strsql = "select * from 학원생 "
        strsql = strsql & " where 이름 = '" & 이름.Text & "'"
```

```
        rs.Open(strsql)


        남자.Checked = False
        여자.Checked = False

        If rs.BOF And rs.EOF Then

            주소.Text = ""
            전화번호.Text = ""

            MsgBox(이름.Text & " 정보는 등록되어 있지 않습니다. ")

        Else
            '
            ' 검색한 정보를 폼에 표시
            주소.Text = rs.Fields!주소.Value
            전화번호.Text = rs.Fields!전화번호.Value


            If (rs.Fields!성별.Value = "M") Then

                남자.Checked = True

            Else

                여자.Checked = True
            End If

        End If

    End Sub
End Class
```

2.3 학원생검색 폼 실행

① 학원생 검색폼 초기화면이다.

◉ 학원생 검색폼 초기화면

② 류길진을 입력한 후, 검색버튼을 클릭하면 류길진의 주소, 전화번호를 표시하고 남 자라디오버튼에 체크하여 남자임을 표시한다.

◉ 류길진의 주소, 전화번호를 표시하고 남자라디오버튼에 체크

③ 박덕희를 입력한 후, 검색버튼을 클릭하면 박덕희의 주소, 전화번호를 표시하고, 여
　자라디오버튼에 체크하여 여자임을 표시한다.

내 ASP.NET 응용 프로그램　　　　　　　　　　　　　　[로그인]

홈　　정보

학원생 검색

| 박덕희 | 경상남도 옥도시 해안동 100 | ○남자 |
| 검색 | 700-1234 | ◉여자 |

▶ 박덕희의 주소, 전화번호를 표시하고, 여자라디오버튼에 체크

3. 학원관리폼

여기서는 학원생의 학원비 등록여부를 검색할 수 있다.

3.1 학원관리 폼 작성

① 새 프로젝트창에서 이름난에 학원관리를 입력한다.

▶ 새 프로젝트창에서 이름난에 학원관리를 입력

② 앞의 학원생 검색폼을 복사하여 활용한다.

▶ 학원생 검색폼을 복사하여 활용

③ 연도를 표시하는 년드롭다운리스트를 작성한다.

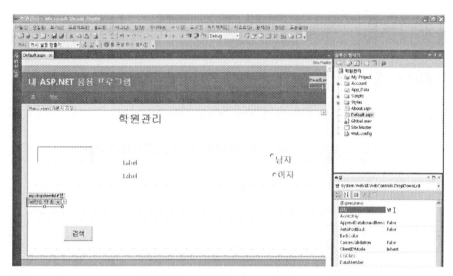

▶ 년드롭다운리스트를 작성

④ 년드롭다운리스트의 〈버튼을 클릭하여 항목편집을 클릭한다.

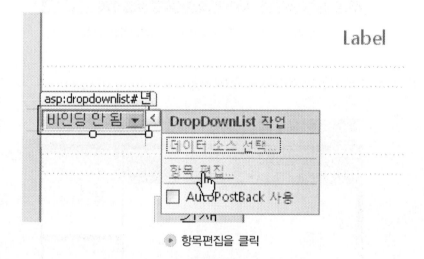

▶ 항목편집을 클릭

⑤ ListItem의 컬렉션편집기창이 표시된다. 이 창을 이용하여 드롭다운리스트의 값들
을 입력할 수 있다.

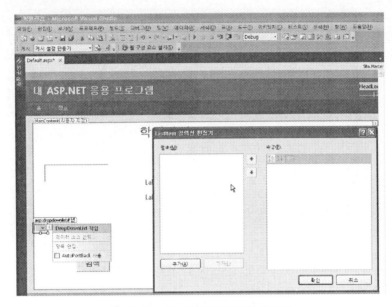

▶ ListItem의 컬렉션편집기창이 표시

도움말 물론 프로그램을 이용하여 드롭다운리스트에 값들을 입력할 수도 있다. 여기서는 컬렉션편집기창을
이용하여 입력하는 것이 효율적이라 폼에서 바로 입력하였다.

⑥ 아래의 추가버튼을 클릭하면 멤버난에 하나의 ListItem이 표시된다.

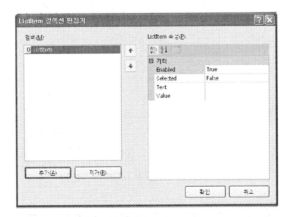

▶ 아래의 추가버튼을 클릭

⑦ 우측의 속성창에 Text난에 2013을 입력하면 아래의 Value난에 자동적으로 2013이 표시된다.

▶ 우측의 속성창에 Text난에 2013을 입력

⑧ 같은 방식으로 2014, 2015, 2016을 입력할 수 있다.

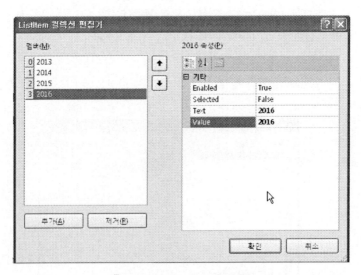

▶ 2014, 2015, 2016을 입력

◁ **도움말** 3년이 지나면 추가로 입력하여 수정, 갱신하면서 잘 이용할 수 있다.

⑨ 같은 방식으로 월드롭다운리스트를 만든 후, ListItem 컬렉션편집기창을 이용하여 1
부터 12까지 입력할 수 있다.

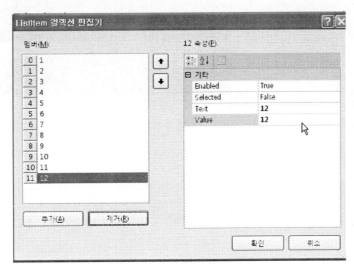

▶ ListItem 컬렉션편집기창을 이용

⑩ 년, 월드롭다운리스트를 완성하여 추가한화면이다.

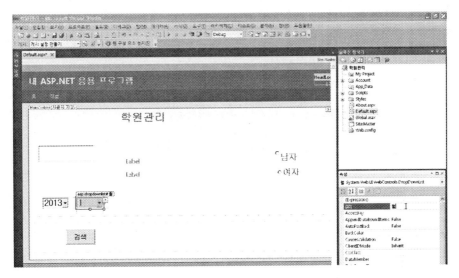

▶ 년, 월드롭다운리스트를 완성하여 추가한화면

⑪ 2013년 12월달에 국어과목의 등록여부를 표시할 수 있도록 체크박스를 이용한다.

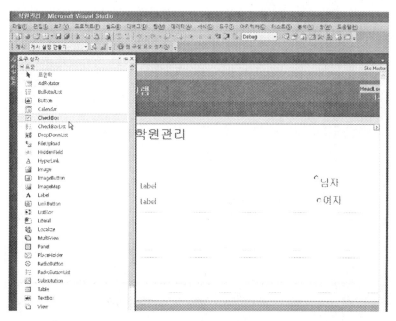

▶ 국어과목의 등록여부를 표시할 수 있도록 체크박스를 이용

도움말 체크박스는 라디오버튼과 달리 하나를 체크할 수도 있고 여러개를 한꺼번에 체크할 수도 있다.

⑫ 국어체크박스를 작성한다. 이 컨트롤은 국어과목을 등록했는 지를 표시할 수 있다.

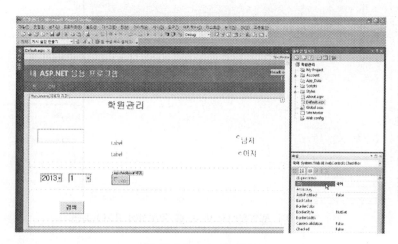

▶ 국어체크박스를 작성

⑬ 같은 방식으로 영어, 논술체크박스를 각각 작성한다.

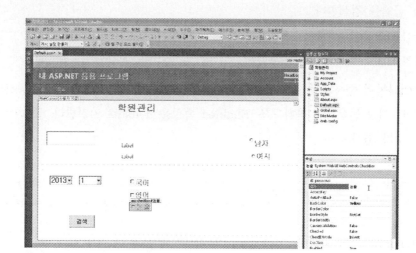

▶ 영어, 논술체크박스를 각각 작성

3.2 학원관리폼 프로그램

① 년.Text = Year(Today)

월.Text = Month(Today)

년, 월드롭다운리스트에 현재의 년과, 달을 입력한다.

② Call 과목등록체크()

프로그램이 길어지는 경우, 논리적단위로 구분하여, 이를 하나의 프로시저로 작성한 후, 이 프로그램이 필요할 때 마다 Call 하는 것이 프로그램 작성이나 관리에 효율적이다. 여기서는

과목등록체크()부분을 따로 만든 후, 이를 호출하여 사용한다.

③ 국어.BackColor = Drawing.Color.Yellow

국어체크박스의 바탕색을 노랑색으로 지정한다.

④ strsql = "select 과목, 금액 from 등록 "

strsql = strsql & " where 이름 = '" & 이름.Text & "'"
strsql = strsql & " and 등록년 = '" & iyear & "'"
strsql = strsql & " and 등록월 = '" & imonth & "'"
rst.Open(strsql)

이름텍스트박스의 값과 년, 월드롭다운리스트의 값을 이용하여 등록테이블에서 과목과 금액을 검색한다.

⑤ 국어.Checked = True

국어.Enabled = False

국어과목이 등록되어 있는 경우에는 국어체크박스에 체크하고, 국어는 등록되었으므로 더 이상 등록하지 못하도록 Enabled 속성을 False로 지정한다. 즉 더 이상 체크할 수가 없다.

프로그램 ⌕ │ 학원관리 프로그램

```
Public Class _Default
    Inherits System.Web.UI.Page

    Dim cn As ADODB.Connection
    Dim rs, rst As ADODB.Recordset

    Dim strsql As String
    Dim iyear, imonth As String

'''''''''''''''''''''''''''''''''''''''''''''''''''''''''''''''''''''
    '   프로그램  :  학원관리
    '
    '   설    명 : 1. 학원생테이블에서 학원생을 검색하는 프로그램
    '             2. 등록테이블에서 등록한 과목을 검색하여 폼에 표시
    '                     '
    '   작성일자  : 2013년 12월  17일
    '
    '   테이블    : 학원관리.accdb - 학원생테이블, 등록테이블
''''''''''''''''''''''''''''''''''''''''''''''''''''''''''''''''''''''
    Protected SubPage_Load(ByVal sender As Object, ByVal e As System.EventArgs)
Handles Me.Load

        ' 사용할 데이터베이스를 지정
        '
        cn = New ADODB.Connection
```

```
cn.Open("Provider=Microsoft.ACE.OLEDB.12.0;Data  Source=d:\ASP2010
\데이터베이스\학원관리.accdb")

    rs = New ADODB.Recordset
    rs.ActiveConnection = cn

    rst = New ADODB.Recordset
    rst.ActiveConnection = cn

    ' 년, 월드롭다운리스트에 지금 년과 월을 입력
    년.Text = Year(Today)
    월.Text = Month(Today)

    iyear = Year(Today)
    imonth = Month(Today)

End Sub

Protected Sub 검색_Click(sender As Object, e As EventArgs) Handles 검
색.Click


    strsql = "select * from 학원생 "
    strsql = strsql & " where 이름 = '" & 이름.Text & "'"

    rs.Open(strsql)

    남자.Checked = False
    여자.Checked = False

    If rs.BOF And rs.EOF Then

        주소.Text = ""
        전화번호.Text = ""
        MsgBox(이름.Text & " 정보는 등록되어 있지 않습니다. ")

    Else
        '
```

```
        ' 검색한 정보를 폼에 표시
        주소.Text = rs.Fields!주소.Value
        전화번호.Text = rs.Fields!전화번호.Value


        If (rs.Fields!성별.Value = "M") Then

            남자.Checked = True

        Else

            여자.Checked = True
        End If

        ' 학원생의 과목 등록여부를 검색하여 폼에 표시
        Call 과목등록체크()

    End If

End Sub

Protected Sub 과목등록체크()

    ' 학원생의 과목등록 여부를 검색

    ' 체크박스의 값들을 초기화한다.
    국어.Enabled = True
    영어.Enabled = True
    논술.Enabled = True

    국어.Checked = False
    영어.Checked = False
    논술.Checked = False

    국어.BackColor = Drawing.Color.Yellow
    영어.BackColor = Drawing.Color.Yellow
    논술.BackColor = Drawing.Color.Yellow

    '등록테이블에서 이번달의 해당 학생 과목등록 여부를 검색
```

```
strsql = "select 과목, 금액 from 등록 "
strsql = strsql & " where 이름 = '" & 이름.Text & "'"
strsql = strsql & " and  등록년 = '" & iyear & "'"
strsql = strsql & " and  등록월 = '" & imonth & "'"

rst.Open(strsql)

Do Untilrst.EOF

    Select Caserst.Fields!과목.Value

        Case "국어"
           국어.Checked = True
           국어.Enabled = False
           국어.BackColor = Drawing.Color.Red

        Case "영어"
           영어.Checked = True
           영어.Enabled = False
           영어.BackColor = Drawing.Color.Red

        Case "논술"
           논술.Checked = True
           논술.Enabled = False
           논술.BackColor = Drawing.Color.Red

    End Select

    rst.MoveNext()

Loop

rst.Close()

End Sub


End Class
```

3.3 학원관리 폼 실행

① 학원관리폼 초기화면이다. 년, 월드롭다운리스트에 2013, 12월이 표시되어 있다.

▶ 학원관리폼 초기화면

② 박길덕을 입력한 후, 검색버튼을 클릭하면 주소, 전화번호, 남자를 표시하고, 영어와 논술이 등록되어 있음을 표시한다. 등록여부는

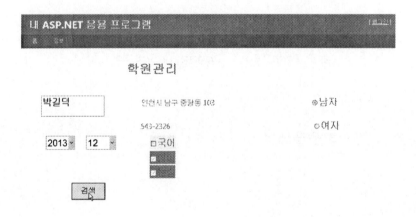

▶ 영어와 논술이 등록되어 있음을 표시

도움말 인적사항은 학원생테이블을 검색하여 표시하고, 이번달 과목 등록여부는 등록테이블을 검색하여 해당 과목을 체크한다.

③ 한수미를 입력한 후, 검색버튼을 클릭하면 한수미의 경우에는 등록한 과목이 없음을
표시한다. 필요시 국어와 논술과목등을 등록할 수 있다.

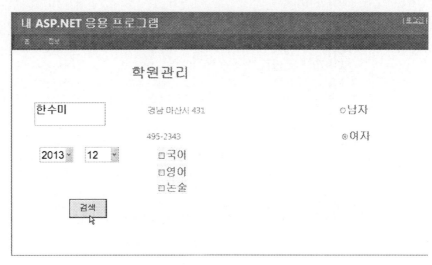

▶ 한수미의 경우에는 등록한 과목이 없음을 표시

④ 홍길동을 검색하면 국어와 논술과목을 등록하였음을 표시한다.

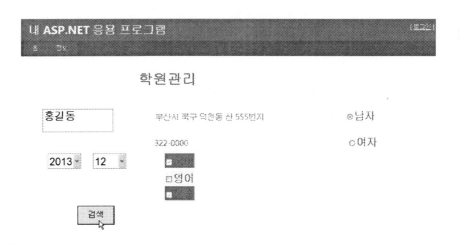

▶ 홍길동을 검색하면 국어와 논술과목을 등록하였음을 표시

⑤ 등록테이블에서 홍길동학원생의 등록을 확인하면 2013-12월에 영어와 논술을 등록
하였음을 확인할 수 있다.

이름	등록년	등록월	과목	금액
박길덕	2013	12	영어	80000
박길덕	2013	12	논술	50000
박수홍	2013	6	국어	60000
박수홍	2013	6	논술	50000
박수홍	2013	10	국어	70000
박수홍	2013	10	논술	50000
박수홍	2013	10	영어	80000
한수길	2013	10	논술	50000
한수길	2013	10	국어	70000
한수길	2013	10	영어	80000
홍길동	2013	12	국어	70000
홍길동	2013	12	논술	50000

◉ 2013-12월에 영어와 논술을 등록

제9장
이어도렌트카

칼렌다컨트롤에서 2014-1-4일을 선택하면 예약가능목록상자가 작성된다. 여기서 이어도5000을 선택하고 진덕호이름을 입력한 후, 예약버튼을 클릭한다.

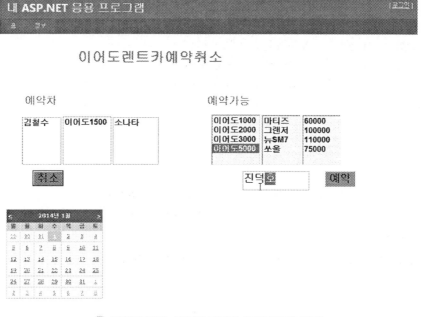

▶ 이어도5000-진덕호고객의 예약버튼을 클릭

주요점

1. 칼렌다컨트롤

2. Private Sub 일자_SelectionChanged(ByVal sender As Object, ByVal e As System. EventArgs)
   Handles 일자.SelectionChanged

3. strsql = "select * from 예약 "
   strsql = strsql & " where 일자 = #" & 일자.SelectedDate & "#"
   rs.Open(strsql)

4. #" & 일자.SelectedDate & "#"

5. 이름.Items.Add(rs.Fields!고객명.Value)

6. 예약차량.SelectedIndex

7. strsql = " insert into 예약(일자, 고객명, 차번호, 차종, 금액) "
   strsql = strsql & " values('" & 일자.SelectedDate & "'"
   strsql = strsql & ", '" & 고객.Text & "'"
   strsql = strsql & ", '" & 예약차량.Items(i).Value & "'"
   strsql = strsql & ", '" & 예약차종.Items(i).Value & "'"
   strsql = strsql & ", '" & 가격.Items(i).Value & "')"
   rs.Open(strsql)

8. 일자_SelectionChanged(e, e)

9. strsql = " delete from 예약 "
   strsql = strsql & " where 일자 =   #" & 일자.SelectedDate & "#"
   strsql = strsql & " and 차번호 = '" & 차번호.Items(i).Value & "'"
   rs.Open(strsql)

10. 전체차량에서 예약한 차량을 빼서 오늘 예약가능목록상자를 작성

1. 테이블

렌트카관리에서는 두 개의 테이블이 필요하다.

① 회사가 보유하는 렌트카에 대한 정보를 관리한다. 차번호, 차종, 렌트금액필드로 구성된다.

렌트카	
필드 이름	데이터 형식
차번호	텍스트
차종	텍스트
렌트금액	숫자

▶ 차번호, 차종, 렌트금액필드로 구성

② 만약에 회사에 렌트카를 5대 보유한다면 5개의 레코드가 필요하다.

렌트카		
차번호 ▾	차종 ▾	렌트금액 ▾
이어도1000	마티즈	₩60,000
이어도1500	소나타	₩80,000
이어도2000	그랜저	₩100,000
이어도3000	뉴SM7	₩110,000
이어도5000	쏘울	₩75,000

▶ 회사렌트카 정보

③ 고객의 렌트카 예약에 대한 정보를 관리하는 테이블로 일자, 고객명, 차번호, 차종, 금액필드들로 구성된다.

예약	
필드 이름	데이터 형식
일자	날짜/시간
고객명	텍스트
차번호	텍스트
차종	텍스트
금액	숫자

▶ 일자, 고객명, 차번호, 차종, 금액필드들로 구성

④ 예약 한 건에 하나의 레코드가 계속적으로 추가된다. 2013-12-25일에 홍길동이 이어도3000 차량을 예약하였다.

예약				
일자 ▾	고객명 ▾	차번호 ▾	차종 ▾	금액 ▾
2013-12-25	길동	이어도3000	뉴SM7	₩110,000
2014-01-01	진덕호	이어도5000	쏘울	₩75,000
2014-01-01	TOM	이어도2000	그랜저	₩100,000
2014-01-01	이동수	이어도1500	소나타	₩80,000

▶ 2013-12-25일에 홍길동이 이어도3000 차량을 예약

2. 이어도렌트카폼

2.1 이어도렌트카폼 작성

① 새 프로젝트창에서 이름난에 이어도렌트카를 입력한 후, 확인버튼을 클릭한다.

⏵ 이어도렌트카를 입력한 후, 확인버튼을 클릭

② 리스트박스를 이용하여 예약한 고객들을 표시할 수 있는 이름리스트박스를 작성한다.

⏵ 이름리스트박스를 작성

③ 같은 방식으로 차량과 차종리스트박스를 각각 작성한다.

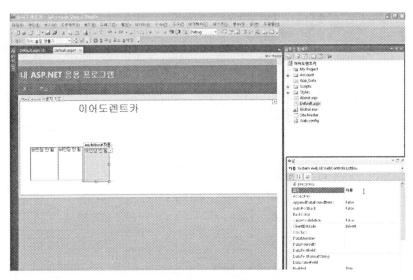

▶ 차량과 차종리스트박스를 각각 작성

④ 일자를 선택할 수 있도록 칼렌다컨트롤을 이용하여 일자칼렌다컨트롤을 작성한다.

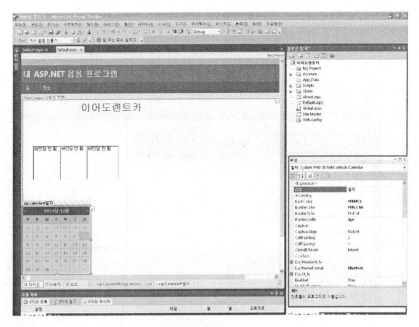

▶ 일자칼렌다컨트롤을 작성

⑤ 필요에 따라 보기좋은 칼렌다컨트롤을 선택한다.

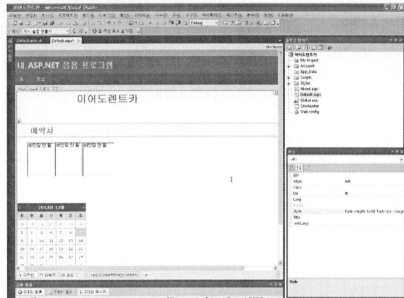

▶ 보기좋은 칼렌다컨트롤을 선택

2.2 이어도렌트카폼 프로그램

① Private Sub 일자_SelectionChanged(ByVal sender As Object, ByVal e As System.
EventArgs) Handles 일자.SelectionChanged

칼렌다컨트롤에서 다른 일자를 선택하면 동작하는 프러시저이다.

② strsql = "select * from 예약 "

strsql = strsql & " where 일자 = #" & 일자.SelectedDate & "#"

rs.Open(strsql)

칼렌다컨트롤에서 선택한 일자의 예약정보를 검색한다.

③ #" & 일자.SelectedDate & "#"

일자를 사용하여 검색하는 경우에는 좌우에 #를 사용한다.

④ Do Untilrs.EOF

        이름.Items.Add(rs.Fields!고객명.Value)

        차번호.Items.Add(rs.Fields!차번호.Value)

        차종.Items.Add(rs.Fields!차종.Value)

        rs.MoveNext()

  Loop

검색한 예약정보를 이름, 차번호, 차종리스트박스에 하나씩 입력한다.

프로그램 〔 Q 〕| 이어도렌트카

```
Public Class _Default
    Inherits System.Web.UI.Page

    Dim cn As ADODB.Connection
    Dim rs As ADODB.Recordset

    Dim strsql As String

'''''''''''''''''''''''''''''''''''''''''''''''''''''''''''''''''''''''
    '   프로그램   :  이어도렌트카
    '
    '   설    명  : 칼렌다컨트롤에서 일자를 선택하면
    '              : 해당 일자의 예약차량 정보를 폼화면의
    '              : 리스트박스에 각각 표현한다.
    '                          '
    '   작성일자  : 2013년 12월  7일
    '
    '   테이블    : 이어도렌트카.accdb - 예약테이블
'''' '''''''''''''''''''''''''''''''''''''''''''''''''''''''''''''''''''
    Protected Sub Page_Load(ByVal sender As Object, ByVal e As System.
EventArgs) Handles Me.Load
        ' 사용할 데이터베이스를 지정
        '
        cn = New ADODB.Connection
        cn.Open("Provider=Microsoft.ACE.OLEDB.12.0;Data  Source=d:\ASP2010
\데이터베이스\이어도렌트카.accdb")
```

```
        rs = New ADODB.Recordset
        rs.ActiveConnection = cn

    End Sub

    Protected Sub 일자_SelectionChanged(sender As Object, e As EventArgs)
Handles 일자.SelectionChanged

        ' 칼렌다컨트롤에서 선택한 일자의 차량 예약정보를 폼화면에 표시
        '
        strsql = "select * from 예약 "
        strsql = strsql & " where 일자 = #" & 일자.SelectedDate & "#"

        rs.Open(strsql)


        이름.Items.Clear()
        차번호.Items.Clear()
        차종.Items.Clear()

        Do Untilrs.EOF

            이름.Items.Add(rs.Fields!고객명.Value)
            차번호.Items.Add(rs.Fields!차번호.Value)
            차종.Items.Add(rs.Fields!차종.Value)


            rs.MoveNext()

        Loop

        rs.Close()

    End Sub
End Class
```

2.3 이어도렌트카폼 실행

① 이어도렌트카초기화면이다.

▶ 이어도렌트카초기화면

② 칼렌다컨트롤에서 2013-12-22를 클릭하면 예약차정보에 아무정보도 표시되지 않는
다. 이 날 예약한 고객이 없다는 것이다.

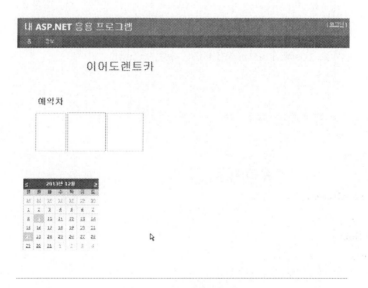

▶ 2013-12-22를 클릭

③ 2013-12-25를 클릭하면 홍길동고객이 예약하였다는 정보를 확인할 수 있다.

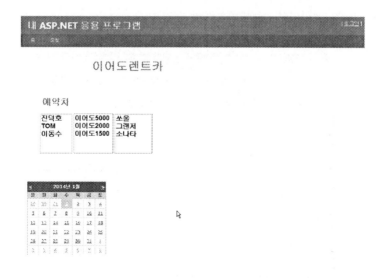

▶ 홍길동고객이 예약하였다는 정보를 확

④ 2014-1-1을 클릭하면 진덕호, TOM, 이동수 3명의 고객이 예약한 정보를 확인할 수 있다.

▶ 진덕호, TOM, 이동수 3명의 고객이 예약한 정보를 확인

3. 이어도렌트카확인폼

3.1 이어도렌트카확인폼 작성

① 새 프로젝트창에서 이어도렌트카확인을 입력한 후, 확인버튼을 클릭한다.

▶ 이어도렌트카확인을 입력한 후, 확인버튼을 클릭

② 우측에는 칼렌다컨트롤을 클릭한 일자에 예약을 할 수 있는 정보를 표시할 수 있도록 예약차량, 예약차종, 금액리스트박스를 각각 작성한다.

▶ 예약차량, 예약차종, 금액리스트박스를 각각 작성

3.2 이어도렌트카확인폼 프로그램

①
```
strsql = "select * from 예약 "
strsql = strsql & " where 일자 = #" & 일자.SelectedDate & "#"
 rs.Open(strsql)


        k = 0
        이름.Items.Clear()
        차번호.Items.Clear()
        차종.Items.Clear()

        Do Untilrs.EOF

            이름.Items.Add(rs.Fields!고객명.Value)
            차번호.Items.Add(rs.Fields!차번호.Value)
            차종.Items.Add(rs.Fields!차종.Value)

            car(k) = rs.Fields!차번호.Value

            rs.MoveNext()
            k = k + 1

        Loop

   rs.Close()
```
예약테이블을 검색하여 고객의 예약상황을 이름, 차량, 금액리스트박스에 각각 표시
한다.

②
```
strsql = "select * from 렌트카 "
        rs.Open(strsql)

        Do Untilrs.EOF

            car_no = rs.Fields!차번호.Value
            car_use = False
```

```
    For l = 0 To k - 1

        If car_no = car(l) Then
            car_use = True

            Exit For

        End If
    Next

    ' 예약하지 않은 차량정보를
    ' 예약차량리스트박스에 하나씩 입력한다.
    If car_use = False Then

        예약차량.Items.Add(rs.Fields!차번호.Value)
        예약차종.Items.Add(rs.Fields!차종.Value)
        가격.Items.Add(rs.Fields!렌트금액.Value)

    End If

    rs.MoveNext()
Loop
```

칼렌다컨트롤에서 선택한 일자의 렌트카에서 예약하지 않은 차량들을 검색하여 예약
차량, 예약차종, 금액리스트박스를 각각 작성한다.

예약테이블의 차번호필드에서 해당 일자의 차번호을 빼면, 해당 일자에 예약 가능한
예약차량리스트박스를 작성할 수 있다. 해당 일자의 예약렌트카은 car(l)에 입력되
어 있다

```
car_no = rs.Fields!차번호.Value
car_use = False

    For l = 0 To k - 1

        If car_no = car(l) Then
            car_use = True
```

```
        Exit For

    End If
  Next
```

렌트카테이블의 처음 레코드부터 읽어서, car(l)값과 비교하여

• 같으면 : 이 차는 현재 예약되었으므로 car_use = True로 설정하고,

• 같은값이 없으면 : 예약된 차가 아니므로car_use = False로 설정한다.

```
  If car_use = False Then
          예약차량.Items.Add(rs.Fields!차 번호.Value)
          예약차종.Items.Add(rs.Fields!차종.Value)
          가격.Items.Add(rs.Fields!렌트금액.Value)
      End If
```

• 같으면 : (car_use = True) 이 차은 현재 예약되었으므로 예약차량리스트박스에
입력하지 않고

• 같은 값이 없으면 : (car_use = False) 예약된 차가 아니므로 예약차량리스트박스
에 입력하여 작성한다.

[표] 차량리스트박스와 예약차량리스트박스

2013년 12월 25일 예약상황		
전체차량	차량리스트박스	예약차량리스트박스
이어도1000 이어도1500 이어도2000 이어도3000 이어도5000	이어도1500 이어도3000 car(l)	이어도1000 이어도2000 이어도5000

프로그램 🔍 | 이어도렌트카확인폼 프로그램

```vb
Public Class _Default
    Inherits System.Web.UI.Page



        Dim cn AsADODB.Connection
        Dim rs AsADODB.Recordset


        Dim strsql As String


''''''''''''''''''''''''''''''''''''''''''''''''''''''''''''''''''''''''''''''
    '   프로그램  :  이어도렌트카확인
        '
        '   설    명 : 칼렌다컨트롤에서 일자를 선택하면
        '             : 해당 일자의 예약차량 정보를 폼화면의
        '             : 리스트박스에 각각 표현한다.
    '
        '             : 렌트카테이블에서 오늘 예약한 차량을 빼면
        '             : 오늘날짜로 예약가능한 차량정보를 알 수 있다.
        '             : 이를 예약차량리스트박스에 입력하여 표시한다.


        '   작성일자  : 2013년 12월  7일
            '
    '   테이블     : 이어도렌트카.accdb  -  예약테이블, 렌트카테이블
        '''''''''''''''''''''''''''''''''''''''''''''''''''''''''''''''''''''''
        Protected Sub Page_Load(ByVal sender As Object, ByVal e As System.
EventArgs) Handles Me.Load
            ' 사용할 데이터베이스를 지정
            '
        cn = New ADODB.Connection
        cn.Open("Provider=Microsoft.ACE.OLEDB.12.0;Data Source=d:\ASP2010
\데이터베이스\이어도렌트카.accdb")


        rs = New ADODB.Recordset
        rs.ActiveConnection = cn


        End Sub
```

```
Protected Sub 일자_SelectionChanged(sender As Object, e As EventArgs)
Handles 일자.SelectionChanged

    ' 칼렌다컨트롤에서 선택한 일자의 차량 예약정보를 폼화면에 표시
    '
    Dim k, l As Integer
    Dim car(4), car_no As String
    Dim car_use As Boolean


    strsql = "select * from 예약 "
    strsql = strsql & " where 일자 = #" & 일자.SelectedDate & "#"

    rs.Open(strsql)

    k = 0
    이름.Items.Clear()
    차번호.Items.Clear()
    차종.Items.Clear()

    Do Untilrs.EOF

        이름.Items.Add(rs.Fields!고객명.Value)
        차번호.Items.Add(rs.Fields!차번호.Value)
        차종.Items.Add(rs.Fields!차종.Value)

        car(k) = rs.Fields!차번호.Value

        rs.MoveNext()
        k = k + 1

    Loop

    rs.Close()

    예약차량.Items.Clear()
    예약차종.Items.Clear()
    가격.Items.Clear()
```

```
'
'   렌트카전체차량에서 오늘 예약한 차를 빼면
'   오늘 예약가능한 차량정보를 알 수 있다.
'
strsql = "select * from 렌트카 "

rs.Open(strsql)

Do Untilrs.EOF

    car_no = rs.Fields!차번호.Value
    car_use = False

    For l = 0 To k - 1

        If car_no = car(l) Then
            car_use = True

            Exit For

        End If
    Next

    ' 예약하지 않은 차량정보를
    ' 예약차량리스트박스에 하나씩 입력한다.
    If car_use = False Then

        예약차량.Items.Add(rs.Fields!차번호.Value)
        예약차종.Items.Add(rs.Fields!차종.Value)
        가격.Items.Add(rs.Fields!렌트금액.Value)

    End If

    rs.MoveNext()
    Loop

End Sub
End Class
```

3.3 이어도렌트카확인폼 실행

① 이어도렌트카확인 초기화면이다.

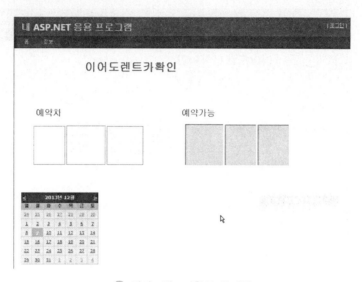

▶ 이어도렌트카확인 초기화

② 2013-12-24를 클릭하면 예약한 차량은 없고, 5대 모두 예약가능 차량으로 확인할 수 있다.

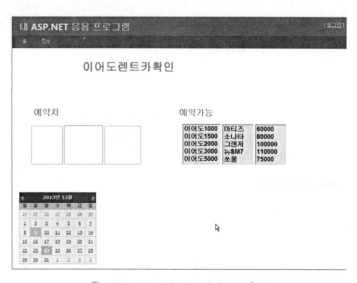

▶ 5대 모두 예약가능 차량으로 확인

③ 2013-12-25를 클릭하면 홍길동고객이 이어도3000을 예약하였고, 이 차를 제외한 4
대의 차량을 예약 가능함을 보여준다.

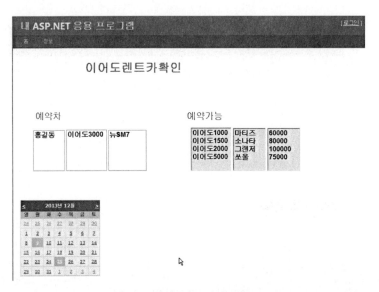

▶ 4대의 차량을 예약 가능함

④ 2013-12-31을 클릭하면 5대 모두 예약가능함을 보여준다.

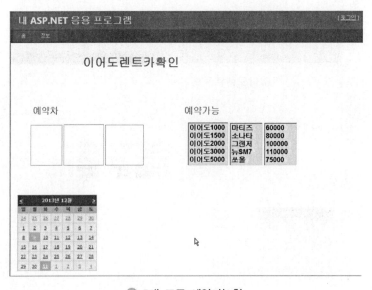

▶ 5대 모두 예약가능함

⑤ 2014-1-1을 클릭하면 3대의 차량이 예약되었고, 2대의 차량 이어도1000과 이어도 3000차량을 예약할 수 있음을 보여준다.

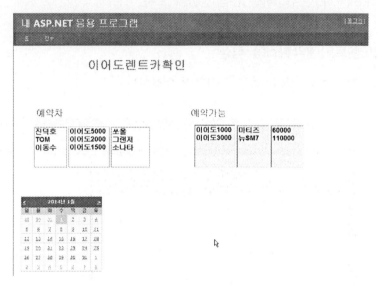

▶ 2대의 차량 이어도1000과 이어도3000차량을 예약할 수 있음

4. 이어도렌트카예약취소폼

렌트카를 예약하고. 취소하는 폼을 만들어 보자.

4.1 이어도렌트카예약취소폼 작성

① 앞의 이어도렌트카확인 폼을 복사하여 이용한다.

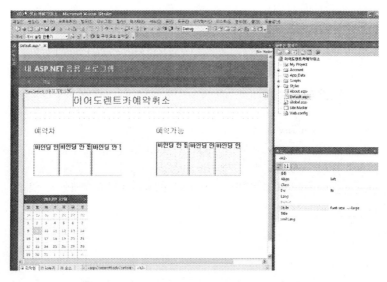

▶ 앞의 이어도렌트카확인 폼을 복사하여 이용

② 고객이름을 입력할 수 있는 고객텍스트박스와 예약명령버튼을 각각 작성한다.

▶ 고객텍스트박스와 예약명령버튼을 각각 작성

③ 예약을 취소할 수 있는 취소명령버튼을 작성한다.

▶ 예약을 취소할 수 있는 취소명령버튼을 작성

4.2 이어도렌트카예약취소폼 프로그램

① i = 예약차량.SelectedIndex
```
strsql = " insert into 예약(일자, 고객명, 차번호, 차종, 금액) "
strsql = strsql & " values('" & 일자.SelectedDate & "'"
strsql = strsql & ", '" & 고객.Text & "'"
strsql = strsql & ", '" & 예약차량.Items(i).Value & "'"
strsql = strsql & ", '" & 예약차종.Items(i).Value & "'"
strsql = strsql & ", '" & 가격.Items(i).Value & "')"
rs.Open(strsql)
```

예약명령버튼을 클릭하면 폼에서 예약한 내용 일자, 고객명, 차번호, 차종, 금액을
예약테이블에 입력한다.

② 일자_SelectionChanged(e, e)

예약정보를 예약테이블에 입력한 후, 이를 폼에 반영하기 위하여 일자_SelectionChanged
(e, e)를 실행한다.

③ i = 이름.SelectedIndex
```
strsql = " delete from 예약 "
strsql = strsql & " where 일자 =   #" & 일자.SelectedDate & "#"
strsql = strsql & " and 차번호 = '" & 차번호.Items(i).Value & "'"
rs.Open(strsql)
일자_SelectionChanged(e, e)
```

취소명령버튼을 클릭하면 예약테이블에서 해당 레코드를 삭제하고, 이를 폼에 반영
하기 위하여 일자_SelectionChanged(e, e)를 실행한다.

프로그램 Q | 이어도렌트카예약취소 프로그램

```
Public Class _Default
    Inherits System.Web.UI.Page


    Dim cn As ADODB.Connection
    Dim rs As ADODB.Recordset

    Dim strsql As String
    Dim i As Integer



''''''''''''''''''''''''''''''''''''''''''''''''''''''''''''''''''''''
'   프로그램  :  이어도렌트카예약취소
'
'   설     명 :  칼렌다컨트롤에서 일자를 선택하면
'              :  해당 일자의 예약차량 정보를 폼화면의
'              :  리스트박스에 각각 표현한다.
'
'              :  렌트카테이블에서 오늘 예약한 차량을 빼면
'              :  오늘날짜로 예약가능한 차량정보를 알 수 있다.
'              :  이를 예약차량리스트박스에 입력하여 표시한다.
'          예약: 고객의 예약내용을 예약테이블에 입력한 후
'              :  일자_SelectionChanged(e, e)를 실행하여
'              :  예약차와 예약가능 리스트박스를 재작성
'
'          취소: 고객의 예약 취소를 예약테이블에서
'              :  해당 레코드를 삭제한 후,
'              :  일자_SelectionChanged(e, e)를 실행하여
'              :  예약차와 예약가능 리스트박스를 재작성
'
'   작성일자  :  2013년 12월 9일
'
'   테이블    :  이어도렌트카.accdb - 예약테이블, 렌트카테이블
''' ''''''''''''''''''''''''''''''''''''''''''''''''''''''''''''''''''
    Protected Sub Page_Load(ByVal sender As Object, ByVal e As System.EventArgs)
Handles Me.Load
```

```
        ' 사용할 데이터베이스를 지정
        '
        cn = New ADODB.Connection
        cn.Open("Provider=Microsoft.ACE.OLEDB.12.0;Data  Source=d:\ASP2010
\데이터베이스\이어도렌트카.accdb")

        rs = New ADODB.Recordset
        rs.ActiveConnection = cn

    End Sub

    Protected Sub 일자_SelectionChanged(sender As Object, e AsEventArgs)
Handles 일자.SelectionChanged

        ' 칼렌다컨트롤에서 선택한 일자의 차량 예약정보를 폼화면에 표시
        '
        Dim k, l As Integer
        Dim car(4), car_no As String
        Dim car_use As Boolean


        strsql = "select * from 예약 "
        strsql = strsql & " where 일자 = #" & 일자.SelectedDate & "#"

        rs.Open(strsql)

        k = 0
        이름.Items.Clear()
        차번호.Items.Clear()
        차종.Items.Clear()

        Do Until rs.EOF

            이름.Items.Add(rs.Fields!고객명.Value)
            차번호.Items.Add(rs.Fields!차번호.Value)
            차종.Items.Add(rs.Fields!차종.Value)
```

```
    car(k) = rs.Fields!차번호.Value

    rs.MoveNext()
    k = k + 1

Loop

rs.Close()

예약차량.Items.Clear()
예약차종.Items.Clear()
가격.Items.Clear()

'
'  렌트카전체차량에서 오늘 예약한 차를 빼면
'  오늘 예약가능한 차량정보를 알 수 있다.
'
strsql = "select * from 렌트카 "

rs.Open(strsql)

Do Until rs.EOF

    car_no = rs.Fields!차번호.Value
    car_use = False

    For l = 0 To k - 1

        If car_no = car(l) Then
            car_use = True

            Exit For

        End If
    Next

    ' 예약하지 않은 차량정보를
```

```
            ' 예약차량리스트박스에 하나씩 입력한다.
            If car_use = False Then

                예약차량.Items.Add(rs.Fields!차번호.Value)
                예약차종.Items.Add(rs.Fields!차종.Value)
                가격.Items.Add(rs.Fields!렌트금액.Value)

            End If

            rs.MoveNext()
        Loop

        고객.Text = ""

    End Sub

    Private Sub 예약_Click(sender As Object, e As System.EventArgs) Handles
예약.Click
        '
        ' 고객의 차량예약 내용을 예약테이블에 입력한 후
        ' 일자_SelectionChanged(e, e)를 실행하여
        ' 예약차와 예약가능 리스트박스를 재작성
        '

        i = 예약차량.SelectedIndex

        strsql = " insert into 예약(일자, 고객명, 차번호, 차종, 금액) "
        strsql = strsql & " values('" & 일자.SelectedDate & "'"
        strsql = strsql & ", '" & 고객.Text & "'"
        strsql = strsql & ", '" & 예약차량.Items(i).Value & "'"
        strsql = strsql & ", '" & 예약차종.Items(i).Value & "'"
        strsql = strsql & ", '" & 가격.Items(i).Value & "')"

        rs.Open(strsql)

        일자_SelectionChanged(e, e)
```

```
     End Sub

     Private Sub 취소_Click(sender As Object, e As System.EventArgs) Handles
취소.Click
         '
         '  고객의 예약 취소를 예약테이블에서
         '  해당 레코드를 삭제한 후,
         '  일자_SelectionChanged(e, e)를 실행하여
         '  예약차와 예약가능 리스트박스를 재작성
         '
         i = 이름.SelectedIndex

         strsql = " delete from 예약 "
         strsql = strsql & " where 일자 =   #" & 일자.SelectedDate & "#"
         strsql = strsql & " and 차번호 = '" & 차번호.Items(i).Value & "'"

         rs.Open(strsql)

         일자_SelectionChanged(e, e)


     End Sub
End Class
```

4.3 이어도렌트카예약취소폼 실행

① 이어도렌트카예약취소폼 초기화면이다.

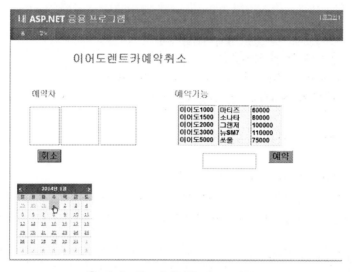

▶ 이어도렌트카예약취소폼 초기화면

② 칼렌다컨트롤에서 2014-1-1을 클릭한 후, 해당 일자에 예약가능한 차량중 이어도 1500을 선택하고, 김철수를 입력한 후, 예약버튼을 클릭한다.

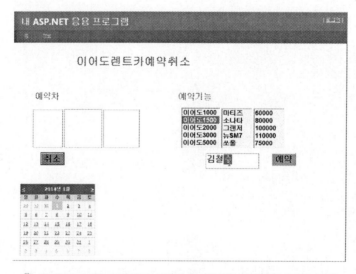

▶ 이어도1500을 선택하고, 김철수를 입력한 후, 예약버튼을 클릭

③ 김철수예약정보를 예약테이블에 입력하고 이를 반영하여 예약차리스트박스에 김철수고객의 예약내용을 확인할 수 있다.

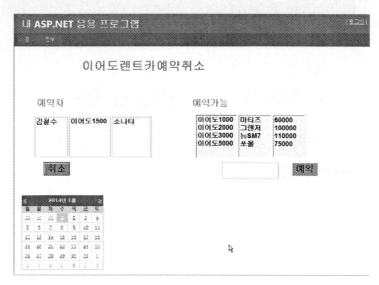

▶ 예약차리스트박스에 김철수고객의 예약내용을 확인

④ 같은 방식으로 이어도5000-진덕호고객의 예약버튼을 클릭한다.

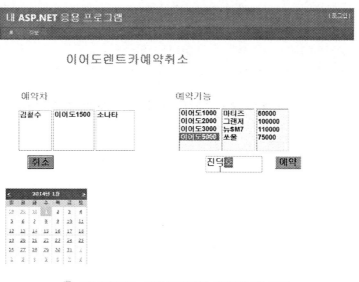

▶ 이어도5000-진덕호고객의 예약버튼을 클릭

⑤ 김철수와 진덕호고객의 예약정보를 확인할 수 있다.

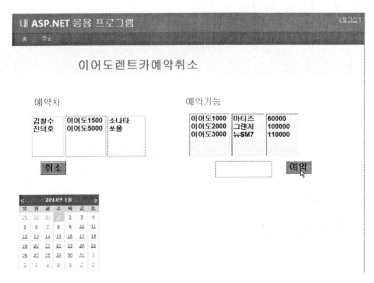

▶ 김철수와 진덕호고객의 예약정보를 확인

⑥ 예약테이블에 김철수와 진덕호고객의 예약정보가 입력된 것을 확인할 수 있다.

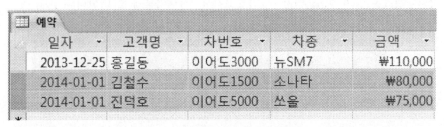

일자	고객명	차번호	차종	금액
2013-12-25	홍길동	이어도3000	뉴SM7	₩110,000
2014-01-01	김철수	이어도1500	소나타	₩80,000
2014-01-01	진덕호	이어도5000	쏘울	₩75,000

▶ 김철수와 진덕호고객의 예약정보가 입력된 것을 확인

⑦ 예약한 후 사정이 생겨 예약을 취소할 경우, 김철수를 선택한 후 취소버튼을 클릭한다.

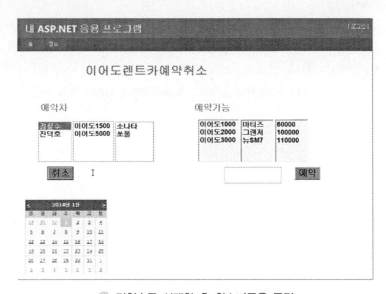

▶ 김철수를 선택한 후 취소버튼을 클릭

⑩ 예약테이블에서 김철수예약레코드를 삭제하고, 폼에 취소내용을 반영한다.

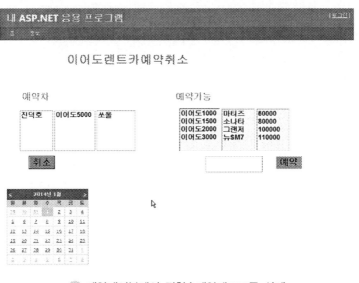

▶ 예약테이블에서 김철수예약레코드를 삭제

⑪ 예약테이블에서 2014-1-1일자의 김철수고객 예약정보가 삭제된 것을 확인할 수 있다.

예약				
일자 ▾	고객명 ▾	차번호 ▾	차종 ▾	금액 ▾
2013-12-25	홍길동	이어도3000	뉴SM7	₩110,000
2014-01-01	진덕호	이어도5000	쏘울	₩75,000

▶ 2014-1-1일자의 김철수고객 예약정보가 삭제된 것을 확인

제10장

IT기기 예약 취소

2014-1-15일 헬리캠 사용을 예약하기 위하여, 예약시간목록상자에서 1530, 1540, 1550을 선택하고, 김민식을 입력한 후, 예약버튼을 클릭한다.

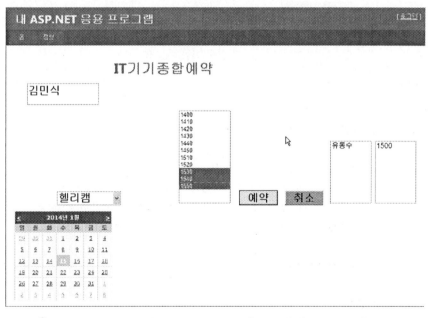

◉ 김민식 2014-1-15일 1530, 1540, 1550을 선택한 후, 예약버튼을 클릭

주요점

1. SelectionMode속성 – multiple

2. For Each li In 예약시간.Items
```
        If li.Selected Then

                strsql = " insert into 예약(일자, 이름, IT기기, 시간) "
                strsql = strsql & " values('" & 일자.SelectedDate & "'"
                strsql = strsql & ", '" & 이름.Text & "'"
                strsql = strsql & ", '" & 기기.SelectedItem.Value & "'"
                strsql = strsql & ", '" & li.Value & "')"

                rs.Open(strsql)

        End If

    Next
```

3. For Each li In 사용시간.Items
```
        If li.Selected Then

                strsql = " delete from 예약 "
                strsql = strsql & " where 일자 =   #" & 일자.SelectedDate & "#"
                strsql = strsql & " and IT기기 = '" & 기기.SelectedItem.Value & "'"
                strsql = strsql & " and 시간 = " & CInt(li.Value)

                rs.Open(strsql)

        End If

    Next
```

1. 테이블

1.1. IT 기기 테이블

① 테이블 디자인 화면에서 IT기기 필드와 시간필드를 각각 작성한다. 시간필드를 시간
   으로 지정하지 않고 숫자필드로 지정한 것에 유의한다.

필드 이름	데이터 형식
IT기기	텍스트
시간	숫자

◉ 테이블 디자인화면

② IT기기 테이블 열기화면에서 사용가능한 시간을 입력하였다.

IT기기	시간
슈퍼컴퓨터	1000
슈퍼컴퓨터	1005

◉ 사용가능한 시간을 입력

<도움말> 시간을 시간필드로 지정하지 않고 여기서 1000 은 10시부터 10시 5분까지 하나의 범위를 의미한다.
시간으로 처리하여 구간으로 처리하는 것이 바람직하지만 나중에 프로그램에서 확인할 수 있듯이
하나의 단위 구간으로 처리하면 프로그램으로 처리하기가 편해진다.

③ IT기기 테이블열기화면에서 슈퍼컴퓨터를 이용할 수 있는 시간을 입력하였다.

IT기기	시간
슈퍼컴퓨터	1000
슈퍼컴퓨터	1005
슈퍼컴퓨터	1010
슈퍼컴퓨터	1015
슈퍼컴퓨터	1000
슈퍼컴퓨터	1025
슈퍼컴퓨터	1030
슈퍼컴퓨터	1035
슈퍼컴퓨터	1040
슈퍼컴퓨터	1045
슈퍼컴퓨터	1050
슈퍼컴퓨터	1055

▶ 슈퍼컴퓨터를 이용할 수 있는 시간을 입력

도움말 슈퍼컴퓨터는 연구소에서 전적으로 사용한다. 하지만 100% 사용하지 않고, 사용시간에 여유가 있어서 일반인들에게 사용할 수 있는 시간을 마련하였다. 즉 10시부터 11시까지 5분 단위로 빌려서 사용 가능하도록 하였다.

1.2 예약테이블

① 처음필드를 일자필드로 이름을 지정하고 날짜/시간 형식으로 지정한다. 시간형식에는 여러 형태로 시간을 표시할 수 있는 데 이는 아래에서 입력마스크를 이용하여 지정한다.

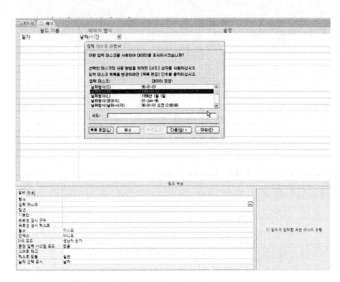

▶ 아래에서 입력마스크를 이용하여 지정

② 일자를 날찌/시간 형식으로 지정한다.

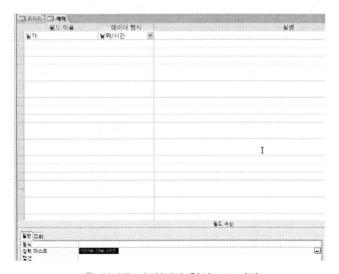

▶ 일자를 날찌/시간 형식으로 지정

③ 일자, 이름, IT기기, 시간형식으로 이루어진 예약테이블을 작성한다.

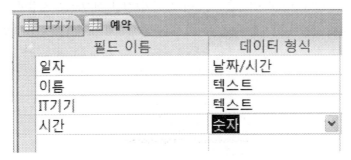

▶ 일자, 이름, IT기기, 시간형식

④ 2014-1-15일일자의 예약테이블 입력내용이다. 후반부 프로그램에서는 슈퍼컴퓨터 뿐만 아니라 다른 IT기기들도 처리할 수 있도록 확장하였다.

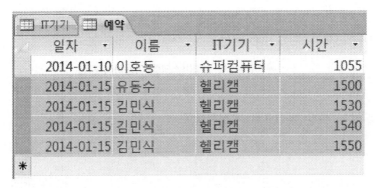

▶ 2014-1-5일일자의 예약테이블 입력내용

2. 슈퍼컴퓨터폼

2.1 슈퍼컴퓨터 폼 작성

① 새 프로젝트화면에서 이름난에 슈퍼컴퓨터를 입력한 후, 확인버튼을 클릭한다.

▶ 이름난에 슈퍼컴퓨터를 입력한 후, 확인버튼을 클릭

② 이름텍스트박스를 작성한다.

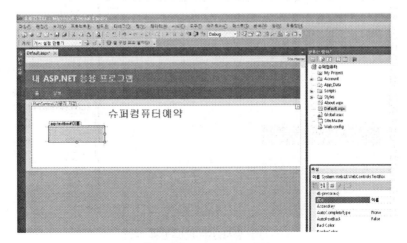

▶ 이름텍스트박스를 작성

③ 여러개의 예약가능한 시간을 표시할 수 있도록 예약시간리스트박스를 작성한다.

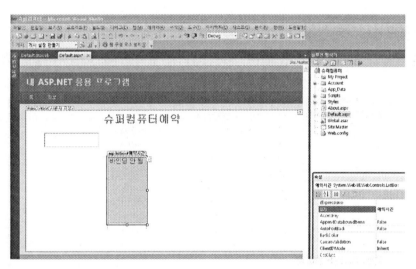

▶ 예약시간리스트박스를 작성

④ 일자칼렌다컨트롤을 작성한다.

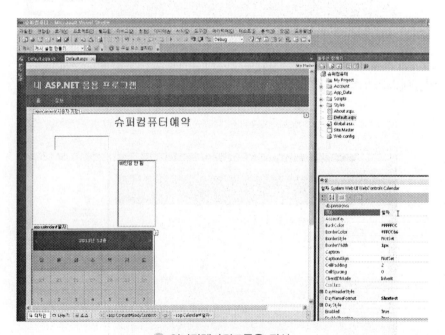

▶ 일자칼렌다컨트롤을 작성

⑤ 예약과 취소명령버튼을 각각 작성한다.

▶ 예약과 취소명령버튼을 각각 작성

⑥ 사용자와 사용시간리스트박스를 각각 작성한다.

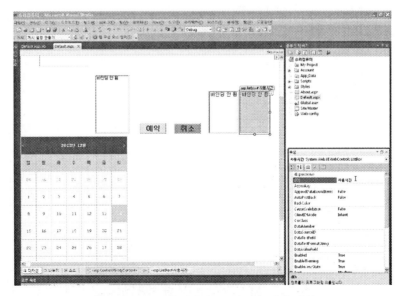

▶ 사용자와 사용시간리스트박스를 각각 작성

2.2 슈퍼컴퓨터폼 프로그램

① Page_Load()프러시저화면으로 사용할 데이터베이스를 지정함과 동시에 오늘 사용
시간과 예약가능한 시간리스트박스를 각각 보여주는 프로그램이다.

```
Protected Sub Page_Load(ByVal sender As Object, ByVal e As System.EventArgs) Handles Me.Load
    ' 사용할 데이터베이스를 지정

    cn = New ADODB.Connection
    cn.Open("Provider=Microsoft.ACE.OLEDB.12.0;Data Source=d:\ASP2010\데이터베이스\IT기기.accdb")

    rs = New ADODB.Recordset
    rs.ActiveConnection = cn

    ' 초기폼에서 오늘 일자의 예약상황을 폼에 표시
    If Not Page.IsPostBack Then

        일자.SelectedDate = Today.ToShortDateString
        일자_SelectionChanged(e, e)

    End If
End Sub
```

▶ Page_Load()프러시저화면

② 칼렌다컨트롤에서 선택한 일자의 사용자와 사용시간리스트박스를 보여주는 프로그
램화면이다.

```
strsql = "select * from 예약 "
strsql = strsql & " where 일자 = #" & 일자.SelectedDate & "#"
strsql = strsql & " and IT기기 = '슈퍼컴퓨터'"
strsql = strsql & " order by 시간 "
rs.Open(strsql)

k = 0

예약시간.Items.Clear()
사용자.Items.Clear()
사용시간.Items.Clear()

'사용자리스트박스와 사용시간리스트박스 작성
Do Until rs.EOF

    사용자.Items.Add(rs.Fields!이름.Value)
    사용시간.Items.Add(rs.Fields!시간.Value)
    time(k) = rs.Fields!시간.Value

    rs.MoveNext()
    k = k + 1

Loop

rs.Close()
```

▶ 사용자와 사용시간리스트박스를 보여주는 프로그램화면

③ 사용시간리스트박스의 값을 이용하여 예약시간리스트박스의 값을 입력하는 프로그
램화면이다.

```
' 예약시간리스트박스 작성
strsql = "select * from IT기기 where IT기기 = '슈퍼컴퓨터'"

rs.Open(strsql)

Do Until rs.EOF

    reserve_time = rs.Fields!시간.Value
    time_use = False

    For I = 0 To k - 1

        If reserve_time = time(I) Then
            time_use = True

            Exit For

        End If
    Next

    ' 예약하지 않은 예약가능시간정보를
    ' 예약시간리스트박스에 하나씩 입력한다.
    If time_use = False Then

        예약시간.Items.Add(rs.Fields!시간.Value)

    End If

    rs.MoveNext()
Loop
```

▶️ 예약시간리스트박스의 값을 입력하는 프로그램화면

④ 예약버튼을 클릭하였을 때 예약 관련정보를 예약테이블에 입력하는 프로그램화면이다.

```
Private Sub 예약_Click(sender As Object, e As System.EventArgs) Handles 예약.Click
    '
    '   고객의 슈퍼컴퓨터예약 내용을 예약테이블에 입력한 후
    '   일자_SelectionChanged(e, e)를 실행하여
    '   사용자리스트박스와 예약가능 리스트박스를 재작성
    '
    strsql = " insert into 예약(일자, 이름, IT기기, 시간) "
    strsql = strsql & " values('" & 일자.SelectedDate & "'"
    strsql = strsql & ", '" & 이름.Text & "'"
    strsql = strsql & ", '슈퍼컴퓨터'"
    strsql = strsql & ", '" & 예약시간.SelectedItem.Value & "')"

    rs.Open(strsql)

    일자_SelectionChanged(e, e)

End Sub
```

▶️ 예약 관련정보를 예약테이블에 입력하는 프로그램화면

⑤ 예약한 정보를 예약테이블에서 삭제하여 예약내용을 취소하는 프로그램화면이다.

```
Private Sub 취소_Click(sender As Object, e As System.EventArgs) Handles 취소.Click

    ' 고객의 예약 취소를 예약테이블에서
    ' 해당 레코드를 삭제한 후,
    ' 일자_SelectionChanged(e, e)를 실행하여
    ' 사용자리스트박스와 예약가능 리스트박스를 재작성
    '

    strsql = " delete from 예약 "
    strsql = strsql & " where 일자 =  #" & 일자.SelectedDate & "#"
    strsql = strsql & " and IT기기= '슈퍼컴퓨터'"
    strsql = strsql & " and 시간 = " & CInt(사용시간.SelectedItem.Value)

    rs.Open(strsql)

    일자_SelectionChanged(e, e)


End Sub
```

▶ 예약내용을 취소하는 프로그램화면

⑥ If Not Page.IsPostBack Then

　　　　일자.SelectedDate = Today.ToShortDateString
　　　　일자_SelectionChanged(e, e)

End If

폼이 열리면서 오늘일자의 슈퍼컴퓨터예약상황을 폼화면에 표시한다.

⑦ strsql = "select * from 예약 "

strsql = strsql & " where 일자 = #" & 일자.SelectedDate & "#"

strsql = strsql & " and IT기기 = '슈퍼컴퓨터'"

strsql = strsql & " order by 시간 "

rs.Open(strsql)

　　k = 0

　　예약시간.Items.Clear()
　　사용자.Items.Clear()
　　사용시간.Items.Clear()

　　'사용자리스트박스와 사용시간리스트박스 작성

```
Do Untilrs.EOF

    사용자.Items.Add(rs.Fields!이름.Value)
    사용시간.Items.Add(rs.Fields!시간.Value)
    time(k) = rs.Fields!시간.Value

    rs.MoveNext()
    k = k + 1

Loop

rs.Close()
```

예약테이블을 검색하여 이를 사용자, 사용시간리스트박스에 하나씩 입력한다. 하나의 값이 아니고 여러값들을 입력한다.

⑧ strsql = "select * from IT기기 where IT기기 = '슈퍼컴퓨터'"

```
    rs.Open(strsql)

    Do Untilrs.EOF

        reserve_time = rs.Fields!시간.Value
        time_use = False

        For l = 0 To k - 1

            If reserve_time = time(l) Then
                time_use = True

                Exit For

            End If
        Next

        ' 예약하지 않은 예약가능시간정보를
        ' 예약시간리스트박스에 하나씩 입력한다.
        If time_use = False Then
```

```
예약시간.Items.Add(rs.Fields!시간.Value)

        End If

        rs.MoveNext()
    Loop
```

사용시간을 time(1)에 입력하여 이를 하나씩 빼서 나머지 시간을 예약시간리스트박스에 입력함으로써 슈퍼컴퓨터를 예약 가능한 시간들을 확인할 수 있다.

⑨ strsql = " insert into 예약(일자, 이름, IT기기, 시간) "
```
strsql = strsql & " values('" & 일자.SelectedDate & "'"
strsql = strsql & ", '" & 이름.Text & "'"
strsql = strsql & ", '슈퍼컴퓨터'"
strsql = strsql & ", '" & 예약시간.SelectedItem.Value & "')"
rs.Open(strsql)
```

예약버튼을 클릭하면 예약관련정보를 예약테이블에 입력한다.

⑩ strsql = " delete from 예약 "
```
strsql = strsql & " where 일자 =  #" & 일자.SelectedDate & "#"
strsql = strsql & " and IT기기= '슈퍼컴퓨터'"
strsql = strsql & " and 시간 = " & CInt(사용시간.SelectedItem.Value)
rs.Open(strsql)
```

취소버튼을 클릭하면 사용시간리스트박스에서 선택한 예약내용을 예약테이블에서 삭제한다.

⑪ 일자_SelectionChanged(e, e)
예약이나 취소한 후, 이를 폼에 반영시키는 프로그램이다. 즉 칼렌다컨트롤을 한번 클릭하였을 때 동작하는 프로그램을 호출하는 명령어이다.

프로그램 🔍 | 슈퍼컴퓨터예약 취소 프로그램

```
Public Class _Default
    Inherits System.Web.UI.Page

    Dim cn As ADODB.Connection
    Dim rs As ADODB.Recordset

    Dim strsql As String

'''''''''''''''''''''''''''''''''''''''''''''''''''''''''''''''''''
    '  프로그램  :  슈퍼컴퓨터예약
    '
    '  설    명  : 칼렌다컨트롤에서 일자를 선택하면
    '            : 해당 일자의 슈퍼컴퓨터 예약가능 시간과
    '            : 예약상황을 알 수 있다.
    '
    '            : 예약 : 예약가능 리스트박스에서 예약가능 시간을
    '                     선택하고, 이름을 입력한 후, 예약버튼을 클릭
    '            : 취소 : 사용시간리스트박스에서 예약된 시간들중
    '                     예약취소를 원하는 시간을 선택한 후, 취소버튼을 클릭
    '
    '  작성일자  : 2013년 12월  14일
    '
    '  테이블    : IT기기.accdb  -  예약테이블, IT기기테이블
''' '''''''''''''''''''''''''''''''''''''''''''''''''''''''''''''''
    Protected Sub Page_Load(ByVal sender As Object, ByVal e As System.EventArgs)
Handles Me.Load
        ' 사용할 데이터베이스를 지정
        '
        cn = New ADODB.Connection
        cn.Open("Provider=Microsoft.ACE.OLEDB.12.0;Data  Source=d:\ASP2010
\데이터베이스\IT기기.accdb")

        rs = New ADODB.Recordset
        rs.ActiveConnection = cn
```

```vbnet
' 초기폼에서 오늘 일자의 예약상황을 폼에 표시
If NotPage.IsPostBack Then

    일자.SelectedDate = Today.ToShortDateString
    일자_SelectionChanged(e, e)

End If
End Sub

Protected Sub 일자_SelectionChanged(sender As Object, e As EventArgs)
Handles 일자.SelectionChanged

    ' 칼렌다컨트롤에서 선택한 일자의 차량 예약정보를 폼화면에 표시
    '
    Dim k, l, reserve_time, time(12) As Integer
    Dim time_use As Boolean


    strsql = "select * from 예약 "
    strsql = strsql & " where 일자 = #" & 일자.SelectedDate & "#"
    strsql = strsql & " and IT기기 = '슈퍼컴퓨터'"
    strsql = strsql & " order by 시간 "
    rs.Open(strsql)

    k = 0

    예약시간.Items.Clear()
    사용자.Items.Clear()
    사용시간.Items.Clear()

    '사용자리스트박스와 사용시간리스트박스 작성
    Do Until rs.EOF

        사용자.Items.Add(rs.Fields!이름.Value)
        사용시간.Items.Add(rs.Fields!시간.Value)
        time(k) = rs.Fields!시간.Value
```

```
        rs.MoveNext()
        k = k + 1

Loop

rs.Close()

' 예약시간리스트박스 작성

strsql = "select * from IT기기 where IT기기 = '슈퍼컴퓨터'"

rs.Open(strsql)

Do Until rs.EOF

    reserve_time = rs.Fields!시간.Value
    time_use = False

    For l = 0 To k - 1

        If reserve_time = time(l) Then
            time_use = True

            Exit For

        End If
    Next

    ' 예약하지 않은 예약가능시간정보를
    ' 예약시간리스트박스에 하나씩 입력한다.
    If time_use = False Then

        예약시간.Items.Add(rs.Fields!시간.Value)

    End If

    rs.MoveNext()
```

```
        Loop

        이름.Text = ""

    End Sub

    Private Sub 예약_Click(sender As Object, e As System.EventArgs) Handles
예약.Click
        '
        ' 고객의 슈퍼컴퓨터예약 내용을 예약테이블에 입력한 후
        ' 일자_SelectionChanged(e, e)를 실행하여
        ' 사용자리스트박스와 예약가능 리스트박스를 재작성
        '
        strsql = " insert into 예약(일자, 이름, IT기기, 시간) "
        strsql = strsql & " values('" & 일자.SelectedDate & "'"
        strsql = strsql & ", '" & 이름.Text & "'"
        strsql = strsql & ", '슈퍼컴퓨터'"
        strsql = strsql & ", '" & 예약시간.SelectedItem.Value & "')"

        rs.Open(strsql)

        일자_SelectionChanged(e, e)


    End Sub

    Private Sub 취소_Click(sender As Object, e As System.EventArgs) Handles
취소.Click
        '
        ' 고객의 예약 취소를 예약테이블에서
        ' 해당 레코드를 삭제한 후,
        ' 일자_SelectionChanged(e, e)를 실행하여
        ' 사용자리스트박스와 예약가능 리스트박스를 재작성
        '

        strsql = " delete from 예약 "
        strsql = strsql & " where 일자 =  #" & 일자.SelectedDate & "#"
```

```
strsql = strsql & " and IT기기= '슈퍼컴퓨터'"
strsql = strsql & " and 시간 = " & CInt(사용시간.SelectedItem.Value)

rs.Open(strsql)

일자_SelectionChanged(e, e)



    End Sub
End Class
```

2.3 슈퍼컴퓨터예약취소 실행

① 2013-12-14일자의 예약상황을 보여준다. 현재는 예약상황이 없다.

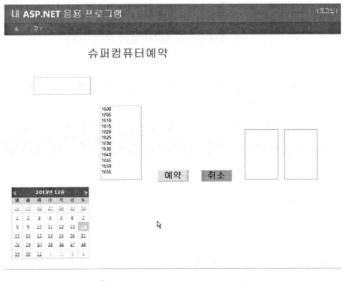

▶ 2013-12-14일자의 예약상황

② 예약하기를 원하는 일자를 칼렌다컨트롤에서 2014-1-10을 클릭하면 이 날자의 슈퍼컴퓨터 예약상황을 폼에 표시한다. 현재는 예약내용이 없다.

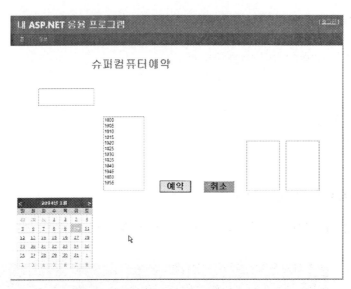

▶ 슈퍼컴퓨터 예약상황을 폼에 표시

③ 홍길동을 입력한 후, 1030 즉 10:30부터 10:35를 선택한 후, 예약버튼을 클릭한다.

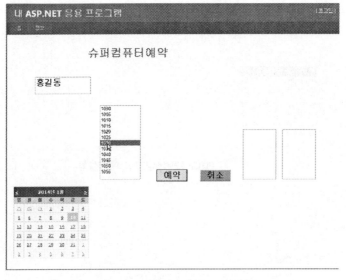

▶ 10:30부터 10:35를 선택한 후, 예약버튼을 클릭

④ 2014-1-10일 홍길동이 10:30부터 10:35분까지 사용을 예약하여다는 것을 알 수 있다. 예약리스트박스에서는 1030이 없어진 것을 확인할 수 있다. 즉 이 시간은 다른 사람이 사용할 수 없음을 보여준다.

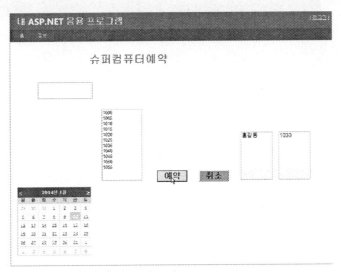

▶ 홍길동이 10:30부터 10:35분까지 사용을 예약

⑤ 이호동을 입력한 후, 1055를 선택한 후, 예약버튼을 클릭한다.

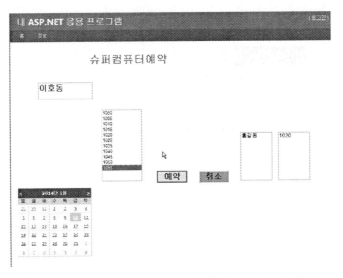

▶ 이호동을 입력한 후, 1055를 선택한 후, 예약버튼을 클릭

⑥ 2014-1-10일 홍길동과 이호동이 각각 슈퍼컴퓨터 사용을 예약하였음을 확인할 수 있다.

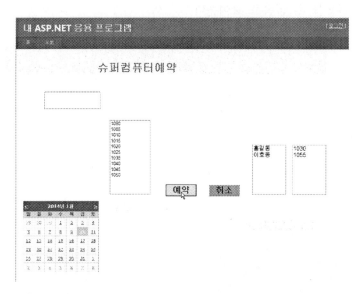

◉ 홍길동과 이호동이 각각 슈퍼컴퓨터 사용을 예약하였음을 확인

⑦ 예약테이블에서 홍길동과 이호동의 예약이 입력된 것을 확인할 수 있다.

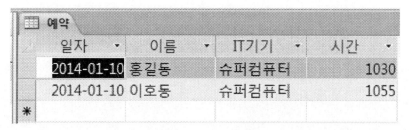

◉ 예약테이블에서 홍길동과 이호동의 예약이 입력된 것을 확인

⑧ 사용시간리스트박스에서 1030을 선택한 후, 취소버튼을 클릭한다.

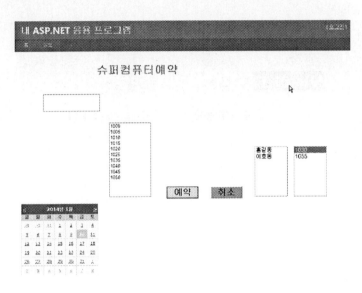

▶ 1030을 선택한 후, 취소버튼을 클릭

⑨ 2014-1-10일자 홍길동 예약이 취소되었다.

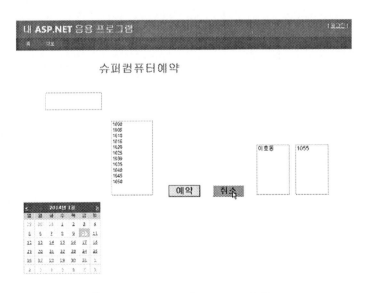

▶ 2014-1-10일자 홍길동 예약이 취소

⑩ 예약테이블에서 홍길동예약레코드가 삭제된 것을 확인할 수 있다.

▶ 홍길동예약레코드가 삭제된 것을 확인

3. IT 기기 예약취소폼

3.1 IT기기 테이블 추가

① 슈퍼컴퓨터뿐만 아니라 다른 IT기기들도 예약 할 수 있도록 헬리캠등을 추가하였다. 보통시간에서는 헬리캠을 회사에서 사용하고, 1400시부터 1600시까지 두 시간동안 은 원하는 일반인이 사용할 수 있도록 한다.

	슈퍼컴퓨터	1050
	슈퍼컴퓨터	1055
	헬리캠	1400
	헬리캠	1410
	헬리캠	1420
	헬리캠	1430
	헬리캠	1440
	헬리캠	1450
	헬리캠	1500
	헬리캠	1510
	헬리캠	1520
	헬리캠	1530
	헬리캠	1540
	헬리캠	1550

▶ 헬리캠 시간 추가

② 이번에는 한 단위만 아니고 필요에 따라 여러 단위도 대여할 수 있도록 하였다.

헬리캠	1400
헬리캠	1410
헬리캠	1420
헬리캠	1430
헬리캠	1440
헬리캠	1450
헬리캠	1500
헬리캠	1510
헬리캠	1520
헬리캠	1530
헬리캠	1540
헬리캠	1550

▶ 여러 단위도 대여

③ 도우미로봇은 1500시부터 1800시까지 대여가능하도록 하였다.

도우미로봇	1500
도우미로봇	1520
도우미로봇	1540
도우미로봇	1600
도우미로봇	1620
도우미로봇	1640
도우미로봇	1700
도우미로봇	1720
도우미로봇	1740

▶ 도우미로봇

도움말 도우미로봇 1600 은 16:00 시부터 16:20분까지 20분을 사용한다는 의미이다. 여기서 3개를 선택하면 16:00시부터 17:00시까지 한 시간을 대여한다는 의미이다.

3.2 IT기기 예약취소 폼 작성

① 새 프로젝트창에서 IT기기예약을 입력한 후 확인버튼을 클릭한다.

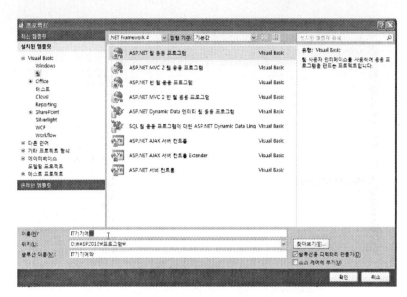

▶ IT기기예약을 입력한 후 확인버튼을 클릭

② 앞의 슈퍼컴퓨터 예약 폼을 복사하여 온다.

▶ 슈퍼컴퓨터 예약 폼을 복사

③ 슈퍼컴퓨터폼에다 기기드롭다운리스트를 추가한다.

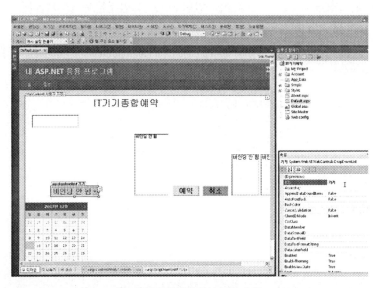

▶ 기기드롭다운리스트를 추가

④ < 버튼을 클릭하여 AutoPdstBack 사용을 체크한다. 이 말은 IT기기 드롭다운리스트
에서 기기를 선택하면 기기의 예약상황을 폼에 표시할 수 있다는 것을 뜻한다.

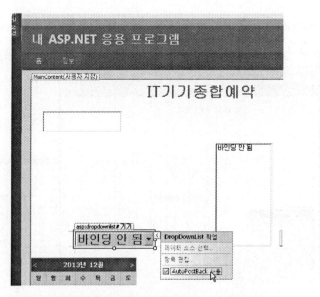

▶ < 버튼을 클릭하여 AutoPdstBack 사용을 체크

3.3 IT 기기 예약취소폼 프로그램

① 칼렌다컨트롤을 선택하였을 때 IT기기 드롭다운리스트의 선택한 IT기기의 예약상황을 보여준다.

```
Protected Sub 일자_SelectionChanged(sender As Object, e As EventArgs) Handles 일자.SelectionChanged

    ' 칼렌다컨트롤에서 선택한 일자의 차량 예약정보를 폼화면에 표시

    Dim k, l, reserve_time, time(12) As Integer
    Dim time_use As Boolean

    strsql = "select * from 예약 "
    strsql = strsql & " where 일자 = #" & 일자.SelectedDate & "#"
    strsql = strsql & " and IT기기 = '" & 기기.SelectedItem.Value & "'"
    strsql = strsql & " order by 시간 "
    rs.Open(strsql)
```

▶ **[it-7-6]** IT기기 드롭다운리스트의 선택한 IT기기의 예약상황

② 예약테이블에 선택한 IT 기기의 예약정보를 예약테이블에 입력한다.

```
Private Sub 예약_Click(sender As Object, e As System.EventArgs) Handles 예약.Click

    ' 고객의 슈퍼컴퓨터예약 내용을 예약테이블에 입력한 후
    ' 일자_SelectionChanged(e, e)를 실행하여
    ' 사용자리스트박스와 예약가능 리스트박스를 재작성
    '
    strsql = " insert into 예약(일자, 이름, IT기기, 시간) "
    strsql = strsql & " values('" & 일자.SelectedDate & "'"
    strsql = strsql & ", '" & 이름.Text & "'"
    strsql = strsql & " and IT기기 = '" & 기기.SelectedItem.Value & "'"
    strsql = strsql & ", '" & 예약시간.SelectedItem.Value & "')"

    rs.Open(strsql)

    일자_SelectionChanged(e, e)

End Sub
```

▶ bb 선택한 IT 기기의 예약정보를 예약테이블에 입력

③ 사용시간리스트박스에서 여러값을 선택할 수 있도록 SelectionMode속성을 multiple
로 지정한다. 그러면 여러개의 값을 한꺼번에 처리할 수 있다.

▶ SelectionMode속성을 multiple로 지정

④ 사용자와 사용시간리스트박스에서도 SelectionMode속성을 multiple로 지정한다.

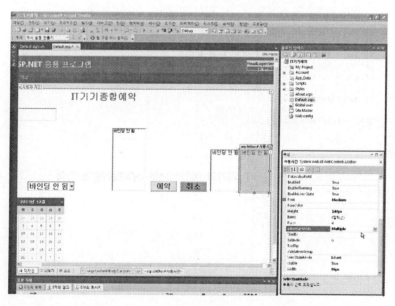

▶ 사용자와 사용시간리스트박스에서도 SelectionMode속성을 multiple로 지정

⑤ 기기 드롭다운리스트에 각각의 기기이름을 하나씩만 입력한다.

```
strsql = "select distinct IT기기 from IT기기 "

rs.Open(strsql)

Do Until rs.EOF

    기기.Items.Add(rs.Fields!IT기기.Value)
    rs.MoveNext()
Loop
rs.Close()
```

▶ 기기이름을 하나씩만 입력

⑥ 선택한 기기의 예약정보를 예약테이블에 입력한다.

```
Private Sub 예약_Click(sender As Object, e As System.EventArgs) Handles 예약.Click

    ' 고객의 IT기기예약 내용를 예약테이블에 입력한 후
    ' 일자_SelectionChanged(e, e)를 실행하여
    ' 사용자리스트박스와 예약가능 리스트박스를 재작성
    '
    Dim li As ListItem

    For Each li In 예약시간.Items

        If li.Selected Then

            strsql = " insert into 예약(일자, 이름, IT기기, 시간) "
            strsql = strsql & " values('" & 일자.SelectedDate & "'"
            strsql = strsql & ", '" & 이름.Text & "'"
            strsql = strsql & ", '" & 기기.SelectedItem.Value & "'"
            strsql = strsql & ", '" & li.Value & "')"

            rs.Open(strsql)

        End If

    Next

    일자_SelectionChanged(e, e)

End Sub
```

▶ 선택한 기기의 예약정보를 예약테이블에 입력

QR code ASP.NET 2010 웹데이터베이스 프로그래밍

⑦ 선택한 기기의 예약내용을 예약테이블에서 삭제한다.

```
Private Sub 취소_Click(sender As Object, e As System.EventArgs) Handles 취소.Click

    ' 고객의 예약 취소를 예약테이블에서
    ' 해당 레코드를 삭제한 후,
    ' 일자_SelectionChanged(e, e)를 실행하여
    ' 사용자리스트박스와 예약가능 리스트박스를 재작성


    Dim li As ListItem

    For Each li In 사용시간.Items

        If li.Selected Then

            strsql = " delete from 예약 "
            strsql = strsql & " where 일자 =   #" & 일자.SelectedDate & "#"
            strsql = strsql & " and IT기기 = '" & 기기.SelectedItem.Value & "'"
            strsql = strsql & " and 시간 = " & Cint(li.Value)

            rs.Open(strsql)

        End If

    Next

        일자_SelectionChanged(e, e)


End Sub
```

▶ 선택한 기기의 예약내용을 예약테이블에서 삭제

⑧ 기기드롭다운리스트에서 기기를 선택하면 해당기기의 예약상황을 폼에 표시한다.

```
Protected Sub 기기_SelectedIndexChanged(sender As Object, e As EventArgs) Handles 기기.SelectedIndexChanged

    '드롭다운리스트에서 기기를 선택하면
    '해당 기기의 선택한 일자의 예약상황을 폼에 표시
    '
    일자_SelectionChanged(e, e)

End Sub
```

▶ 해당기기의 예약상황을 폼에 표시

⑨ strsql = "select distinct IT기기 from IT기기 "
   rs.Open(strsql)
       Do Untilrs.EOF
          기기.Items.Add(rs.Fields!IT기기.Value)
          rs.MoveNext()
       Loop
   rs.Close()

IT기기테이블에서 IT기기를 하나씩 읽어서 이를 기기드롭다운리스트에 입력한다.

⑩ For Each li In 예약시간.Items
       If li.Selected Then

          strsql = " insert into 예약(일자, 이름, IT기기, 시간) "
          strsql = strsql & " values('" & 일자.SelectedDate & "'"
          strsql = strsql & ", '" & 이름.Text & "'"
          strsql = strsql & ", '" & 기기.SelectedItem.Value & "'"
          strsql = strsql & ", '" & li.Value & "')"

          rs.Open(strsql)

       End If

   Next

예약시간리스트박스에서 선택한 여러값들을 예약테이블에 한 개당 하나의 레코드로
하나씩 입력한다.

⑪ For Each li In 사용시간.Items
       If li.Selected Then

          strsql = " delete from 예약 "
          strsql = strsql & " where 일자 = #" & 일자.SelectedDate & "#"
          strsql = strsql & " and IT기기 = '" & 기기.SelectedItem.Value & "'"
          strsql = strsql & " and 시간 = " & CInt(li.Value)

```
        rs.Open(strsql)

    End If

  Next
```

사용시간리스트박스에서 취소를 원하는 여러값들에 대하여 예약테이블에서 하나당
하나의 레코드를 찾아 하나씩 삭제한다.

프로그램 Q | IT기기 예약취소폼 프로그램

```
Public Class _Default
    Inherits System.Web.UI.Page

    Dim cn As ADODB.Connection
    Dim rs As ADODB.Recordset

    Dim strsql As String

'''''''''''''''''''''''''''''''''''''''''''''''''''''''''''''''''''
    '   프로그램  :  IT기기예약
    '
    '   설    명  : 칼렌다컨트롤에서 일자를 선택하면
    '             : 해당 일자의 IT기기별 예약가능 시간과
    '             : 예약상황을 알 수 있다.
    '
    '             : 예약 : 예약가능 리스트박스에서 예약가능 시간을
    '                      선택하고, 이름을 입력한 후, 예약버튼을 클릭
    '             : 취소 : 사용시간리스트박스에서 예약된 시간들중
    '                      예약취소를 원하는 시간을 선택한 후, 취소버튼을 클릭
    '
    '   작성일자  : 2013년 12월  14일
    '
    '   수정일자  : 2013년 12월  15일
    '
    '   테이블    : IT기기.accdb  -  예약테이블, IT기기테이블
''''''''''''''''''''''''''''''''''''''''''''''''''''''''''''''''''''
    Protected Sub Page_Load(ByVal sender As Object, ByVal e As System.EventArgs) Handles Me.Load
        ' 사용할 데이터베이스를 지정
        '
        cn = New ADODB.Connection
        cn.Open("Provider=Microsoft.ACE.OLEDB.12.0;Data  Source=d:\ASP2010\데이터베이스\IT기기.accdb")

        rs = New ADODB.Recordset
```

```
rs.ActiveConnection = cn

' 기기리스트박스에 IT기기를 입력
If Not Page.IsPostBack Then

    strsql = "select distinct IT기기 from IT기기 "

    rs.Open(strsql)

    Do Untilrs.EOF

        기기.Items.Add(rs.Fields!IT기기.Value)
        rs.MoveNext()
    Loop
    rs.Close()

    ' 초기폼에서 오늘 일자의 예약상황을 폼에 표시
    일자.SelectedDate = Today.ToShortDateString
    일자_SelectionChanged(e, e)

    End If
End Sub

Protected Sub 일자_SelectionChanged(sender As Object, e As EventArgs)
Handles 일자.SelectionChanged

    ' 칼렌다컨트롤에서 선택한 일자의 차량 예약정보를 폼화면에 표시
    '
    Dim k, l, reserve_time, time(12) As Integer
    Dim time_use As Boolean

    strsql = "select * from 예약 "
    strsql = strsql & " where 일자 = #" & 일자.SelectedDate & "#"
    strsql = strsql & " and IT기기 = '" & 기기.SelectedItem.Value & "'"
    strsql = strsql & " order by 시간 "
    rs.Open(strsql)
```

```
k = 0

예약시간.Items.Clear()
사용자.Items.Clear()
사용시간.Items.Clear()

'사용자리스트박스와 사용시간리스트박스 작성
Do Until rs.EOF

    사용자.Items.Add(rs.Fields!이름.Value)
    사용시간.Items.Add(rs.Fields!시간.Value)
    time(k) = rs.Fields!시간.Value

    rs.MoveNext()
    k = k + 1

Loop

rs.Close()

' 예약시간리스트박스 작성

strsql = "select * from IT기기 where IT기기 = '" & 기기.SelectedItem.
Value & "'"

rs.Open(strsql)

Do Until rs.EOF

    reserve_time = rs.Fields!시간.Value
    time_use = False

    For l = 0 To k - 1

        If reserve_time = time(l) Then
            time_use = True
```

```vb
            Exit For

        End If
    Next

    ' 예약하지 않은 예약가능시간정보를
    ' 예약시간리스트박스에 하나씩 입력한다.
    If time_use = False Then

        예약시간.Items.Add(rs.Fields!시간.Value)

    End If

    rs.MoveNext()
Loop

이름.Text = ""

End Sub

Private Sub 예약_Click(sender As Object, e As System.EventArgs) Handles
예약.Click
    '
    ' 고객의 IT기기예약 내용을 예약테이블에 입력한 후
    ' 일자_SelectionChanged(e, e)를 실행하여
    ' 사용자리스트박스와 예약가능 리스트박스를 재작성
    '
    Dim li As ListItem

    For Each li In 예약시간.Items

        If li.Selected Then

            strsql = " insert into 예약(일자, 이름, IT기기, 시간) "
            strsql = strsql & " values('" & 일자.SelectedDate & "'"
            strsql = strsql & ", '" & 이름.Text & "'"
            strsql = strsql & ", '" & 기기.SelectedItem.Value & "'"
```

```
        strsql = strsql & ", '" & li.Value & "')"


        rs.Open(strsql)


    End If


Next


일자_SelectionChanged(e, e)



End Sub


Private Sub 취소_Click(sender As Object, e As System.EventArgs) Handles
취소.Click
    '
    ' 고객의 예약 취소를 예약테이블에서
    ' 해당 레코드를 삭제한 후,
    ' 일자_SelectionChanged(e, e)를 실행하여
    ' 사용자리스트박스와 예약가능 리스트박스를 재작성
    '
    Dim li As ListItem


    For Each li In 사용시간.Items


        If li.Selected Then


            strsql = " delete from 예약 "
            strsql = strsql & " where 일자 =   #" & 일자.SelectedDate & "#"
            strsql = strsql & " and IT기기 = '" & 기기.SelectedItem.Value & "'"
            strsql = strsql & " and 시간 = " & CInt(li.Value)


            rs.Open(strsql)


        End If


    Next
```

```
            일자_SelectionChanged(e, e)



      End Sub

      Protected Sub 기기_SelectedIndexChanged(sender As Object, e As EventArgs)
   Handles 기기.SelectedIndexChanged
         '
         '드롭다운리스트에서 기기를 선택하면
         '해당 기기의 선택한 일자의 예약상황을 폼에 표시
         '
         일자_SelectionChanged(e, e)


      End Sub
   End Class
```

3.4 IT기기 예약취소폼 실행

① 2013-12-15일자의 도우미로봇 예약상황을 표시하는 화면이다.

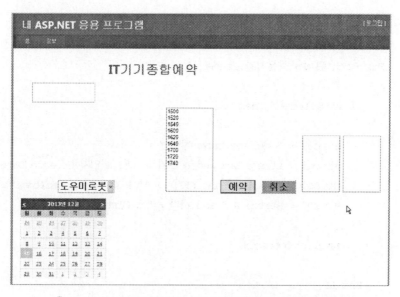

▶ 2013-12-15일자의 도우미로봇 예약상황을 표시하는 화면

② 2014-1-15일자의 헤리캠 예약상황을 확인한 후, 유동수를 입력하고 1500를 선택한 후, 예약버튼을 클릭한다.

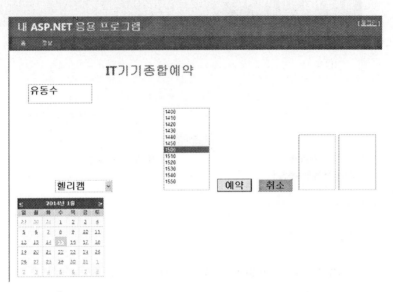

▶ 유동수를 입력하고 1500를 선택한 후, 예약버튼을 클릭

③ 유동수 – 헬리캠 – 1500 예약을 확인할 수 있다.

▶ 유동수 – 헬리캠 – 1500 예약을 확인

④ 김민식 2014-1-15일 1530, 1540, 1550을 선택한 후, 예약버튼을 클릭한다.

▶ 김민식 2014-1-15일 1530, 1540, 1550을 선택한 후, 예약버튼을 클릭

도움말 헬리캠을 15시 30분부터 16시까지 30분 대여한다는 의미이다.

⑤ 2014-1-15일자의 헬리캠 예약상황을 알 수 있다.

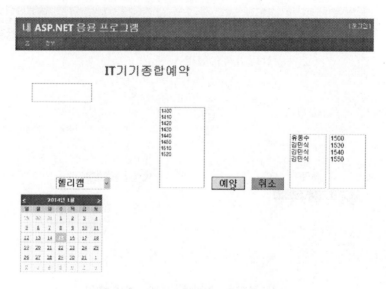

▶ 2014-1-15일자의 헬리캠 예약상황

⑥ 2014-1-15일일자의 예약테이블 입력내용이다.

일자 ▾	이름 ▾	IT기기 ▾	시간 ▾
2014-01-10	이호동	슈퍼컴퓨터	1055
2014-01-15	유동수	헬리캠	1500
2014-01-15	김민식	헬리캠	1530
2014-01-15	김민식	헬리캠	1540
2014-01-15	김민식	헬리캠	1550

▶ 2014-1-15일일자의 예약테이블 입력내용

⑦ 헬리캠 예약중 사정이 있어 1530과 1550을 선택한 후 취소버튼을 클릭한다.

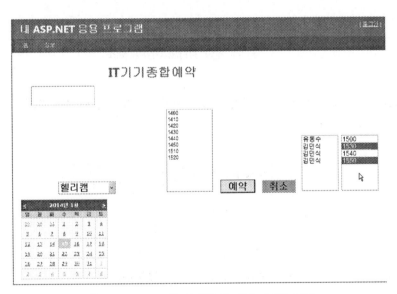

▶ 1530과 1550을 선택한 후 취소버튼을 클릭

⑧ 1530과 1550 두 개의 시간의 예약이 취소되었다.

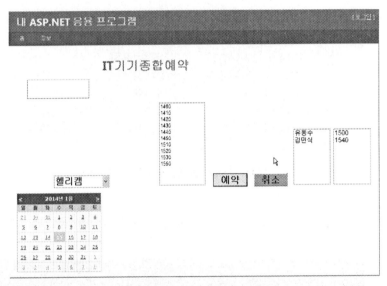

▶ 두 개의 시간의 예약이 취소

⑨ 예약테이블에서 2014-1-15일자의 1530시간과 1550시간의 예약레코드가 삭제된 것을 확인할 수 있다.

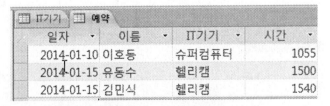

▶ 1530시간과 1550시간의 예약레코드가 삭제

고객이 아침메뉴에서 전복죽 1개, 해장국 2개, 아메리칸 조식 1개를 선택한 후, 총금액 24000원을 확인하고 이진동을 입력한 후 주문명령버튼을 클릭한다.

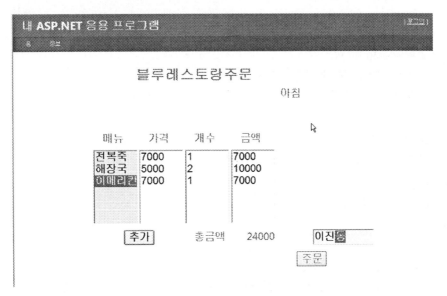

▶ 이진동을 입력한 후 주문명령버튼을 클릭

🖱️ **주요점**

1. 두개의 테이블
   메뉴테이블 - 식당에서 주문할 수 있는 메뉴테이블
   주문테이블 - 고객이 주문할 때마다 주문을 입력하는 테이블

2. Dim arrcount, arrmoney As New ArrayList

3. arrcount.Add(0)
   arrmoney.Add(0)
   개수.DataSource = arrcount
   금액.DataSource = arrmoney
   개수.DataBind( )
   금액.DataBind( )

4. i = 메뉴.SelectedIndex
   icount = 메뉴.Items.Count - 1
   For k = 0 To icount
       arrcount.Add(개수.Items(k).Value)
       arrmoney.Add(금액.Items(k).Value)
   Next

5. sum = arrcount(i) + 1
   summoney = sum * CInt(가격.Items(i).Value)

6. arrcount.RemoveAt(i)
   arrcount.Insert(i, sum)

7. strsql = " insert into 주문 "
   strsql = strsql & " values('" & Now.Date & "'"
   strsql = strsql & ",'" & guest & "'"
   strsql = strsql & ",'" & 메뉴.Items(k).Value & "'"
   strsql = strsql & ",'" & 개수.Items(k).Value & "'"
   strsql = strsql & ",'" & 금액.Items(k).Value & "')"
   rs.Open(strsql)

1. 테이블

1.1 메뉴테이블

① 음식, 가격, 구분으로 이루어진 메뉴테이블을 작성한다. 가격은 숫자형식으로 지정한다.

필드 이름	데이터 형식
음식	텍스트
가격	숫자
구분	텍스트

▶ 음식, 가격, 구분으로 이루어진 메뉴테이블을 작성

② 메뉴테이블에 음식정보를 입력한다. 구분에는 아침, 점심, 저녁, 심야를 구분한다.

음식	가격	구분
전복죽	7000	아침
해장국	5000	아침
아메리칸조식	7000	아침
짜장면	4000	점심
설렁탕	5000	점심
돈까스정식	6000	점심
된장찌개	5000	저녁
스테이크정식	10000	저녁
피자	7000	저녁
탕수육정식	8000	저녁
김밥	5000	심야
만두	4000	심야
*	0	

▶ 메뉴테이블에 음식정보를 입력

1.2 주문테이블

① 일자, 고객, 메뉴, 개수, 금액으로 이루어진 주문테이블을 작성한다.

필드 이름	데이터 형식
일자	날짜/시간
고객	텍스트
메뉴	텍스트
개수	숫자
금액	숫자

▶ 일자, 고객, 메뉴, 개수, 금액으로 이루어진 주문테이블을 작성

② 프로그램 실행으로 입력된 주문내용을 확인할 수 있다.

일자	고객	메뉴	개수	금액
2013-07-09	홍길동	짜장면	2	8000
2013-07-09	홍길동	돈까스정식	1	6000
2013-07-09	박철수	설렁탕	2	10000
2013-07-09	박철수	돈까스정식	3	18000
2013-07-09	박철수	설렁탕	2	10000
2013-07-09	박철수	돈까스정식	3	18000
2013-10-03	박수동	짜장면	2	8000
2013-10-03	박수동	돈까스정식	1	6000
2013-12-28	이진동	전복죽	1	7000
2013-12-28	이진동	해장국	2	10000
2013-12-28	이진동	아메리칸조식	1	7000
			0	0

▶ 주문테이블 열기화면

2. 블루레스토랑 폼

2.1 블루레스토랑 폼 작성

① 새 프로젝트창에서 이름난에 "블루레스토랑"을 입력한 후, 확인버튼을 클릭한다.

▶ "블루레스토랑"을 입력

② 아침, 점심, 저녁을 구분해 표시하는 구분레이블을 작성한다.

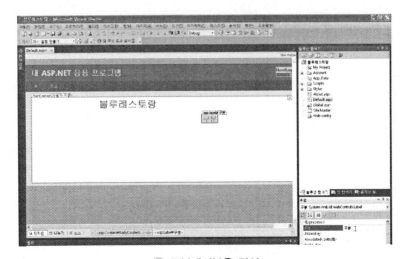

▶ 구분레이블을 작성

③ 레이블을 이용하여 메뉴, 가격, 개수, 금액을 각각 작성한다.

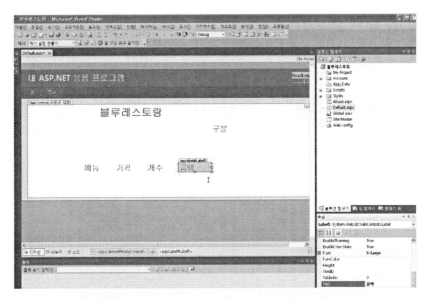

▶ 레이블을 이용하여 메뉴, 가격, 개수, 금액을 각각 작성

④ 목록상자를 이용하여 메뉴목록상자를 작성한다.

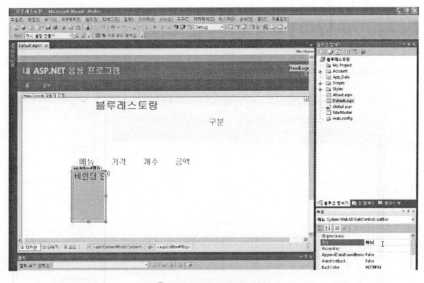

▶ 메뉴목록상자를 작성

⑤ 가격, 개수, 금액 목록상자를 추가하여 완성된 모습의 블루레스토랑 폼화면이다.

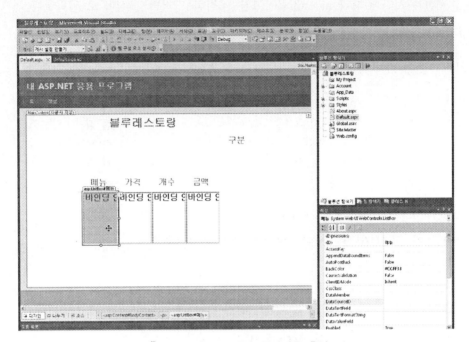

◉ 가격, 개수, 금액 목록상자를 추가

2.2 블루레스토랑폼 프로그램

① If Now.Hour >= 7 And Now.Hour < 11 Then

      menu = "아침"

   ElseIf Now.Hour >= 11 And Now.Hour < 15 Then
     menu = "점심"

   ElseIf Now.Hour >= 15 And Now.Hour < 20 Then

     menu = "저녁"

   Else
     menu = "심야"
  End If

- 현재시간에 따라 아침, 점심, 저녁메뉴를 구분하여 표시할 수 있도록 한다.
- 현재 시간에 따라 menu값을 "아침", "점심", "저녁", "심야"로 입력한다.

[시간대별 메뉴구분]

시 간	구 분
7:00 - 11:00	아 침
11:00 - 15:00	점 심
15:00 - 20:00	저 녁
20:00 - 7:00	심 야

② strsql = "select * from 메뉴 "

strsql = strsql & " where 구분 = '" & menu & "'"

rs.Open(strsql)

아침, 점심, 저녁에 따른 메뉴를 검색한다.

③ Dim arrcount, arrmoney As New ArrayList

arrcount와 arrmoney를 ArrayList 로 지정한다.

④ Do While Not rs.EOF

   메뉴.Items.Add(rs.Fields!음식.Value)

   가격.Items.Add(rs.Fields!가격.Value)

   rs.MoveNext()

Loop

메뉴와 가격목록상자에 음식과 가격정보를 입력한다.

⑤ Do While Not rs.EOF

   arrcount.Add(0)

   arrmoney.Add(0)

   rs.MoveNext()

Loop

arrcount와 arrmoney ArrayList에 0를 입력한다.

⑥ 개수.DataSource = arrcount
  금액.DataSource = arrmoney
  개수.DataBind()
  금액.DataBind()

  arrcount와 arrmoney ArrayList값을 이용하여 개수와 금액목록상자를 작성한다.

프로그램 🔍 | **블루레스토랑 프로그램**

```
Public Class _Default
    Inherits System.Web.UI.Page

    Dim cn As ADODB.Connection
    Dim rs As ADODB.Recordset
    Dim arrcount, arrmoney As New ArrayList

    Dim strsql As String
    Dim menu As String
```

'''

```
    '   프로그램  :  블루레스토랑
    '
    '   설    명 : 1. 웹 폼화면에 시간에 따라
    '                  아침, 점심, 저녁, 심야 메뉴를 표시한다.
    '             '
    '   작성일자  : 2013년 7월  8일
    '
    '   테이블   : 레스토랑.accdb  -  메뉴, 주문테이블
```

''

```
    Protected Sub Page_Load(ByVal sender As Object, ByVal e As System.EventArgs)
Handles Me.Load

        ' 사용할 데이터베이스를 지정
        '
        cn = New ADODB.Connection
```

```
cn.Open("Provider=Microsoft.ACE.OLEDB.12.0;Data  Source=d:\ASP2010
\데이터베이스\레스토랑.accdb")

rs = New ADODB.Recordset
rs.ActiveConnection = cn

If Not Page.IsPostBack Then      '페이지가 처음 요청될 때만 실행

    strsql = "select * from 메뉴 "

    '
    ' 시간에 따라 식당메뉴와 가격을
    ' 메뉴와 가격리스트박스에 표시

    If Now.Hour >= 7 And Now.Hour < 11 Then

        menu = "아침"

    ElseIf Now.Hour >= 11 And Now.Hour < 15 Then
        menu = "점심"

    ElseIf Now.Hour >= 15 And Now.Hour < 20 Then

        menu = "저녁"

    Else
        menu = "심야"
    End If

    구분.Text = menu

    strsql = strsql & " where 구분 = '" & menu & "'"
    rs.Open(strsql)

    메뉴.Items.Clear()
    가격.Items.Clear()
    개수.Items.Clear()
```

```
금액.Items.Clear()

Do While Not rs.EOF

    메뉴.Items.Add(rs.Fields!음식.Value)
    가격.Items.Add(rs.Fields!가격.Value)

    arrcount.Add(0)
    arrmoney.Add(0)

    rs.MoveNext()

Loop

개수.DataSource = arrcount
금액.DataSource = arrmoney

개수.DataBind()
금액.DataBind()

메뉴.SelectedIndex = 0

        End If
    End Sub

End Class
```

2.3 블루레스토랑폼 실행

① 블루레스토랑 아침메뉴화면이다. 오전에 실행하면 아침메뉴를 확인할 수 있다.

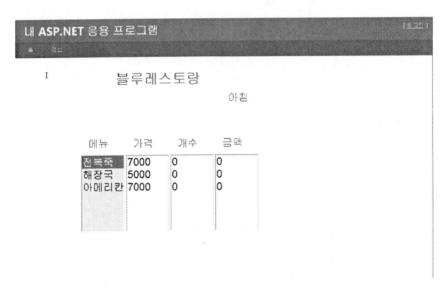

▶ 블루레스도랑 아침메뉴화면

② 블루레스토랑 저녁메뉴화면이다. 된장찌게, 스테이크등의 메뉴를 볼 수 있다.

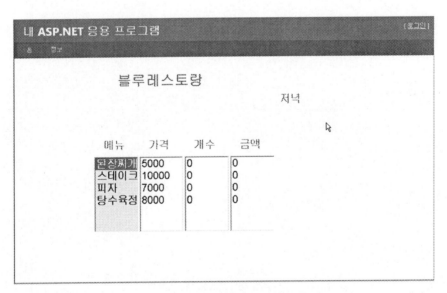

▶ 블루레스토랑 저녁메뉴화면

3. 블루레스토랑 주문폼

3.1 블루레스토랑 주문 폼 작성

① 새 프로젝트창에서 이름난에 "블루레스토랑주문"을 입력한 후, 확인버튼을 클릭한다.

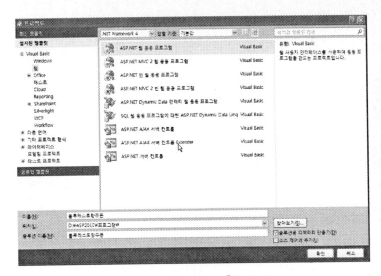

◉ "블루레스토랑주문"을 입력

② 앞의 블루레스토랑에서 폼디자인한 것을 복사하여 가져온다.

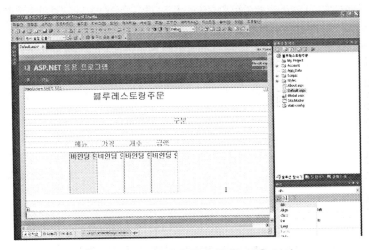

◉ 블루레스토랑에서 폼디자인한 것을 복사

③ 주문시 금액을 표시할 수 있는 총금액레이블을 작성한다.

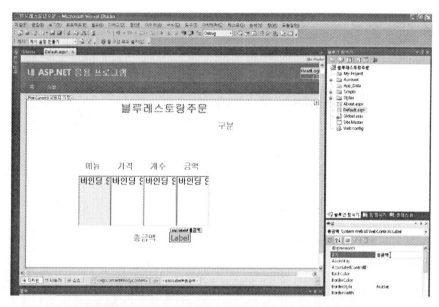

▶ 주문시 금액을 표시할 수 있는 총금액레이블을 작성

④ 메뉴를 하나씩 추가주문할 수 있는 추가명령버튼을 작성한다.

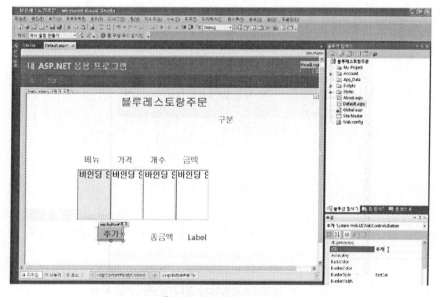

▶ 추가명령버튼을 작성

⑤ 주문내용을 주문테이블에 입력할 수 있도록 이름텍스트박스와 주문명령버튼을 각각
작성한다.

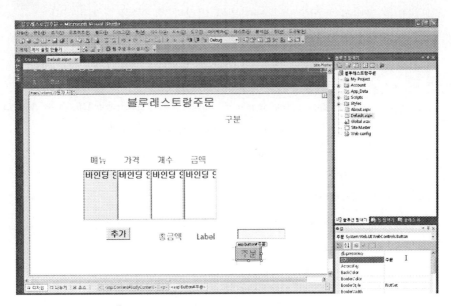

▶ 이름텍스트박스와 주문명령버튼을 각각 작성

3.2 블루레스토랑 주문폼 프로그램

블루레스토랑주문프로그램에서는 메뉴를 주문할 때마다 개수와 금액목록상자에 반영하고, 주문버튼을 클릭하면 이를 주문테이블에 입력한 후, 폼을 초기화한다.

① Protected Sub 추가_Click()화면으로 추가버튼을 클릭할 때마다 개수와 금액목록상자의 값을 추가계산한다.

```
Protected Sub 추가_Click(sender As Object, e As EventArgs) Handles 추가.Click
' 메뉴를 선택한 후, 추가버튼을 클릭하면 메뉴개수와 금액을 각각
' 증가시킨다.

Dim k As Integer

i = 메뉴.SelectedIndex

icount = 메뉴.Items.Count - 1

For k = 0 To icount

    arrcount.Add(개수.Items(k).Value)
    arrmoney.Add(금액.Items(k).Value)

Next

sum = arrcount(i) + 1

summoney = sum * CInt(가격.Items(i).Value)

' 증가한 개수와 금액을 개수, 금액목록상자에 반영한다.
arrcount.RemoveAt(i)
arrcount.Insert(i, sum)

arrmoney.RemoveAt(i)
arrmoney.Insert(i, summoney)

개수.DataSource = arrcount
개수.DataBind()

금액.DataSource = arrmoney
금액.DataBind()

총금액.Text = CInt(총금액.Text) + CInt(가격.Items(i).Value)

End Sub
```

▶ Protected Sub 추가_Click()화면

② `Dim arrcount, arrmoney As New ArrayList`

개수리스트박스에서 3번째 값을 1증가시키기는 쉽지 않다. 이를 해결하기 위하여 ArrayList를 사용하였다.

개수리스트박스		arrcount
0		0
0	값 이동 →	0
1		1
2		3
1	← 계산후 이동	1
0		0

arrcount로 값을 이동 시킨 후, 3번째의 값을 1증가시킨 후, 다시 개수리스트박스로 이동시키면 된다.

③ `i = 메뉴.SelectedIndex`
```
icount = 메뉴.Items.Count - 1
For k = 0 To icount
    arrcount.Add(개수.Items(k).Value)
    arrmoney.Add(금액.Items(k).Value)
Next
```

개수와 금액리스트박스의 값을 작성하기 위하여 1차로 현재의 리스트박스의 값을 배열리스트로 이동시킨다.

④ `sum = arrcount(i) + 1`
```
    summoney = sum * CInt(가격.Items(i).Value)
```

선택한 메뉴의 개수와 금액을 계산한다.

⑤ `arrcount.RemoveAt(i)`
```
arrcount.Insert(i, sum)
arrmoney.RemoveAt(i)
arrmoney.Insert(i, summoney)
개수.DataSource = arrcount
개수.DataBind()
금액.DataSource = arrmoney
금액.DataBind()
```

선택한 메뉴의 개수와 금액 배열리스트값을 수정한 후, 이를 개수와 금액리스트박스에 입력한다.

⑥ arrcount.RemoveAt(i)

arrcount.Insert(i, sum)

i+1 번째의 값을 계산하여 이를 ArrayList에 반영하기 위하여 i+1 번째의 값을 뺀후, 새로운 값으로 치환한다.

⑦ Private Sub 주문_Click()프러시저화면으로 폼의 주문내용을 주문테이블에 입력하고, 폼을 초기화한다.

```
Private Sub 주문_Click(sender As Object, e As System.EventArgs) Handles 주문.Click
    Dim guest As String
    Dim k As Integer

    guest = 이름.Text

    icount = 메뉴.Items.Count - 1

    ' 주문한 내용를 하나씩 주문테이블에 입력한다

    For k = 0 To icount

        If 개수.Items(k).Value > 0 Then

            strsql = " insert into 주문 "
            strsql = strsql & " values(`" & Now.Date & "`"
            strsql = strsql & ",`" & guest & "`"
            strsql = strsql & ",`" & 메뉴.Items(k).Value & "`"
            strsql = strsql & ",`" & 개수.Items(k).Value & "`"
            strsql = strsql & ",`" & 금액.Items(k).Value & "`)"

            rs.Open(strsql)

        End If
    Next

    ' 주문을 입력한 후, 폼의 개수와 금액목록상자를 초기화한다.

    For k = 0 To icount

        arrcount.Add(0)
        arrmoney.Add(0)

    Next

    개수.DataSource = arrcount
    금액.DataSource = arrmoney

    개수.DataBind()
    금액.DataBind()
```

▶ Private Sub 주문_Click()프러시저화면

⑧ For k = 0 To icount
```
        If 개수.Items(k).Value > 0 Then

            strsql = " insert into 주문 "
            strsql = strsql & " values('" & Now.Date & "'"
            strsql = strsql & ",'" & guest & "'"
            strsql = strsql & ",'" & 메뉴.Items(k).Value & "'"
            strsql = strsql & ",'" & 개수.Items(k).Value & "'"
            strsql = strsql & ",'" & 금액.Items(k).Value & "')"

            rs.Open(strsql)

        End If
    Next
```

메뉴중에서 한 개 이상을 주문한 메뉴를 한 레코드씩 주문테이블에 고객이름, 메뉴, 개수, 금액으로 주문테이블에 입력한다.

⑨ For k = 0 To icount
```
        arrcount.Add(0)
        arrmoney.Add(0)

    Next
    개수.DataSource = arrcount
    금액.DataSource = arrmoney
    개수.DataBind()
    금액.DataBind()
```

입력한 후, 폼의 개수목록상자와 금액목록상자의 값을 초기화한다.

```
Public Class _Default
    Inherits System.Web.UI.Page

        Dim cn As ADODB.Connection
        Dim rs As ADODB.Recordset

        Dim arrcount, arrmoney As New ArrayList
        Dim i, sum, summoney, icount As Integer

        Dim strsql As String
        Dim menu As String
```

' '''

```
'   프로그램  :  블루레스토랑주문폼
'
'   설     명 : 1. 웹 폼화면에 시간에 따라
'                   아침, 점심, 저녁, 심야 메뉴를 표시한다.
'               2. 메뉴를 선택하고 추가를 클릭할 때마다 해당 메뉴의
'                   개수와 금액을 계산한다.
'               3. 메뉴 개수와 금액, 총금액을 확인한 후, 주문버튼을
'                   클릭하여 이를 주문테이블에 입력한다.
'                        '
'   작성일자  : 2013년 7월  8일
'
'   수정일자  : 2013년 10월  3일

'   테이블   : 레스토랑.accdb - 메뉴, 주문테이블
```
' '''' ''
```
        Protected Sub Page_Load(ByVal sender As Object, ByVal e As System.
EventArgs) Handles Me.Load
        ' 사용할 데이터베이스를 지정
        '
        cn = New ADODB.Connection
        cn.Open("Provider=Microsoft.ACE.OLEDB.12.0;Data  Source=d:\ASP2010
\데이터베이스\레스토랑.accdb")
```

```
rs = New ADODB.Recordset
rs.ActiveConnection = cn

If Not Page.IsPostBack Then        '페이지가 처음 요청될 때만 실행

    strsql = "select * from 메뉴 "

    '
    ' 시간에 따라 식당메뉴와 가격을
    ' 메뉴와 가격리스트박스에 표시

    If Now.Hour >= 7 And Now.Hour < 11 Then

        menu = "아침"

    ElseIf Now.Hour >= 11 And Now.Hour < 15 Then
        menu = "점심"

    ElseIf Now.Hour >= 15 And Now.Hour < 20 Then

        menu = "저녁"

    Else
        menu = "심야"
    End If

    구분.Text = menu

    strsql = strsql & " where 구분 = '" & menu & "'"
    rs.Open(strsql)


    메뉴.Items.Clear()
    가격.Items.Clear()
    개수.Items.Clear()
    금액.Items.Clear()

    Do While Not rs.EOF
```

```
        메뉴.Items.Add(rs.Fields!음식.Value)
        가격.Items.Add(rs.Fields!가격.Value)

        arrcount.Add(0)
        arrmoney.Add(0)

        rs.MoveNext()

    Loop

    개수.DataSource = arrcount
    금액.DataSource = arrmoney

    개수.DataBind()
    금액.DataBind()

    메뉴.SelectedIndex = 0

End If
End Sub


Protected Sub 추가_Click(sender As Object, e As EventArgs) Handles 추
가.Click

''''''''''''''''''''''''''''''''''''''''''''''''''''''''''''''''''''''''
    ' 메뉴를 선택한 후, 추가버튼을 클릭하면 메뉴개수와 금액을 각각
    ' 증가시킨다.
''''''''''''''''''''''''''''''''''''''''''''''''''''''''''''''''''''''''
    Dim k As Integer

    i = 메뉴.SelectedIndex

    icount = 메뉴.Items.Count - 1

    For k = 0 To icount

        arrcount.Add(개수.Items(k).Value)
        arrmoney.Add(금액.Items(k).Value)
```

```
Next

sum = arrcount(i) + 1

summoney = sum * CInt(가격.Items(i).Value)

' 증가한 개수와 금액을 개수, 금액목록상자에 반영한다.
arrcount.RemoveAt(i)
arrcount.Insert(i, sum)

arrmoney.RemoveAt(i)
arrmoney.Insert(i, summoney)

개수.DataSource = arrcount
개수.DataBind()

금액.DataSource = arrmoney
금액.DataBind()

총금액.Text = CInt(총금액.Text) + CInt(가격.Items(i).Value)


End Sub

Private Sub 주문_Click(sender As Object, e As System.EventArgs) Handles
주문.Click
    Dim guest As String
    Dim k As Integer

    guest = 이름.Text

    icount = 메뉴.Items.Count - 1

    ' 주문한 내용을 하나씩 주문테이블에 입력한다

    For k = 0 To icount

        If 개수.Items(k).Value > 0 Then
```

```
            strsql = " insert into 주문 "
            strsql = strsql & " values('" & Now.Date & "'"
            strsql = strsql & ",'" & guest & "'"
            strsql = strsql & ",'" & 메뉴.Items(k).Value & "'"
            strsql = strsql & ",'" & 개수.Items(k).Value & "'"
            strsql = strsql & ",'" & 금액.Items(k).Value & "')"

            rs.Open(strsql)

        End If
    Next

    '
    ' 주문을 입력한 후, 폼의 개수와 금액목록상자를 초기화한다.

    For k = 0 To icount

        arrcount.Add(0)
        arrmoney.Add(0)

    Next

    개수.DataSource = arrcount
    금액.DataSource = arrmoney

    개수.DataBind()
    금액.DataBind()


    총금액.Text = 0
    이름.Text = ""



    MsgBox(guest & " 고객님 주문완료하였습니다.")


    End Sub
End Class
```

3.3 블루레스토랑주문폼 실행

① 블루레스토랑주문 초기화면이다. 짜장면, 설렁탕, 돈까스정식 메뉴와 가격을 확인할
   수 있다.

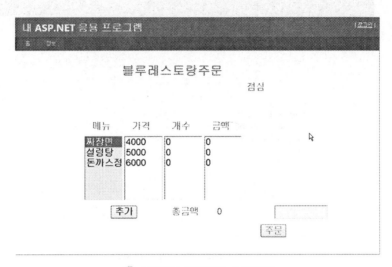

▶ 블루레스토랑주문 초기화면

② 짜장면을 선택한 후, 추가버튼을 클릭하면 짜장면 1개 4000원을 볼 수 있다. 총금액
   4000원도 확인가능하다.

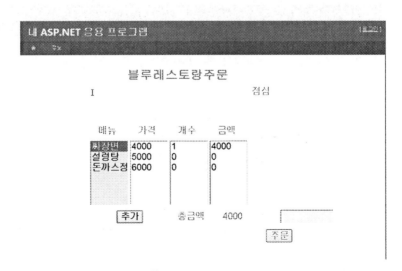

▶ 짜장면 1개 4000원

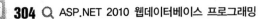

③ 돈까스정식을 선택한 후, 추가버튼을 클릭하면 돈까스정식, 1개, 6000원을 볼 수 있고, 총금액 10000원 확인할 수 있다.

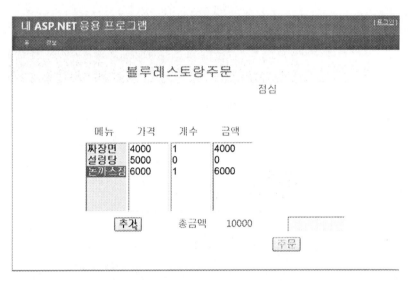

▶ 돈까스정식, 1개, 6000원

④ 다시 짜장면을 선택한 후, 추가명령버튼을 클릭하면 짜장면, 2개 8000원과 총금액 14000을 확인할 수 있다.

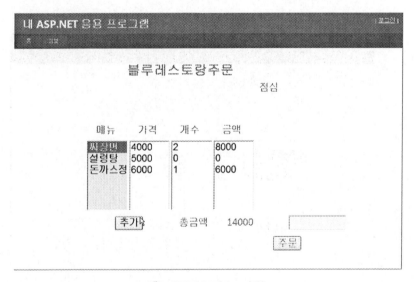

▶ 짜장면, 2개 8000원

⑤ 메뉴선택을 완료한 후, 이름텍스트박스에 "박수동"을 입력한 후, 주문버튼을 클릭한다.

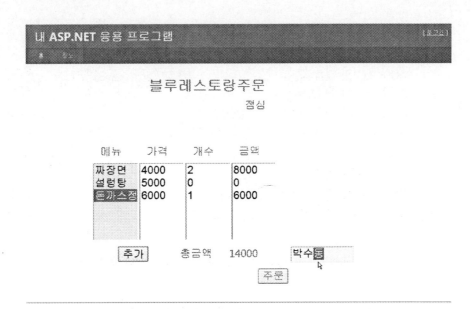

▶ "박수동"을 입력한 후, 주문버튼을 클릭

⑥ 주문테이블에 주문내용을 입력한 후, "박수동 고객 주문완료" 메시지를 표시한다.

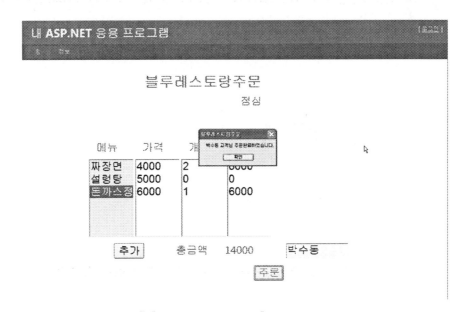

▶ "박수동 고객 주문완료" 메시지를 표시

⑦ 주문테이블에서 박수동고객 주문내용이 2개의 레코드로 입력된 것을 확인할 수 있다.

주문				
일자 ▾	고객 ▾	메뉴 ▾	개수 ▾	금액 ▾
2013-07-09	홍길동	짜장면	2	8000
2013-07-09	홍길동	돈까스정식	1	6000
2013-07-09	박철수	설렁탕	2	10000
2013-07-09	박철수	돈까스정식	3	18000
2013-07-09	박철수	설렁탕	2	10000
2013-07-09	박철수	돈까스정식	3	18000
2013-10-03	박수동	짜장면	2	8000
2013-10-03	박수동	돈까스정식	1	6000
*			0	0

▶ 박수동고객 주문내용이 2개의 레코드로 입력된 것을 확인

⑧ 주문을 입력 완료한 후에 폼이 초기화면으로 돌아간 것을 확인할 수 있다.

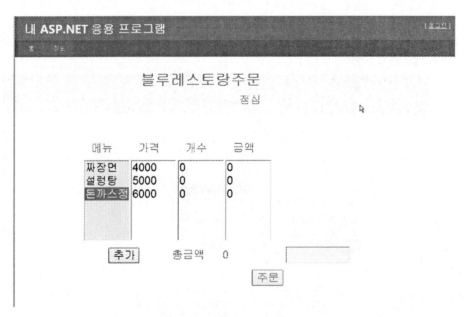

▶ 주문을 입력 완료한 후에 폼이 초기화면으로 돌아간 것을 확인

⑨ 아침메뉴화면이다. 전복죽, 해장국, 아메리칸조식과 각각의 가격을 볼 수 있다.

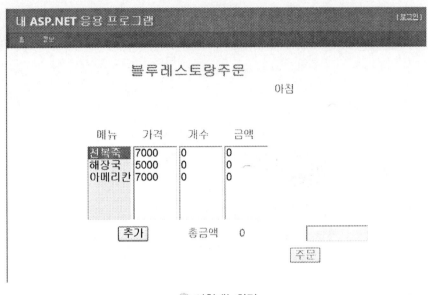

▶ 아침메뉴화면

⑩ 전복죽 1, 해장국 2, 아메리칸 조식을 1개 선택한다.

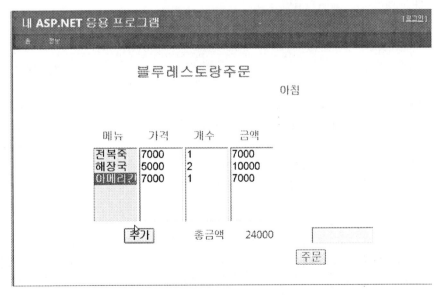

▶ 전복죽 1, 해장국 2, 아메리칸 조식을 1개

⑪ 이진동을 입력한 후 주문명령버튼을 클릭한다.

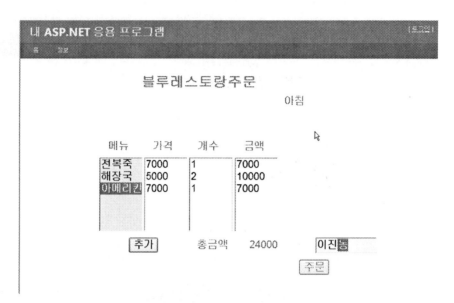

● 이진동을 입력한 후 주문명령버튼을 클릭

⑫ 아침메뉴 주문을 확인할 수 있다. 각각의 메뉴당 하나의 레코드로 입력하였으며, 3개의 레코드로 입력하였다.

일자 ▾	고객 ▾	메뉴 ▾	개수 ▾	금액 ▾
2013-07-09	홍길동	짜장면	2	8000
2013-07-09	홍길동	돈까스정식	1	6000
2013-07-09	박철수	설렁탕	2	10000
2013-07-09	박철수	돈까스정식	3	18000
2013-07-09	박철수	설렁탕	2	10000
2013-07-09	박철수	돈까스정식	3	18000
2013-10-03	박수동	짜장면	2	8000
2013-10-03	박수동	돈까스정식	1	6000
2013-12-28	이진동	전복죽	1	7000
2013-12-28	이진동	해장국	2	10000
2013-12-28	이진동	아메리칸조식	1	7000

● 아침메뉴 주문을 확인

칼렌다컨트롤에서 7월 10일을 선택하면 게시판테이블을 통하여 해당 날짜의 월드컵자축행사와 미래통신기술일정을 보여준다. 여기서 자세히 보고 싶은 일정의 계획번호를 클릭하면 상세일정.aspx 서브폼을 해당일정의 상세한 일정을 확인할 수 있다.

▶ 칼렌다컨트롤에서 7월 10일을 선택

주요점

1. 계획번호는 일련번호 형식

2. HorizoneAlign속성을 Center로 지정

3. 계획번호.NavigateUrl = ˝상세일정.aspx?계획번호=˝& 계획번호.Text

4. 프로젝트-새 항목추가를 클릭

5. sch_no = Request.QueryString(˝계획번호˝)

6. 메인폼-상세일정.aspx 폼 호출

1. 일정관리 테이블

① 계획번호는 일련번호 형식으로 일자, 시간은 날짜/시간 형식으로 나머지는 텍스트형 식으로 필드를 각각 작성한다.

필드 이름	데이터 형식
계획번호	일련 번호
일자	날짜/시간
시간	날짜/시간
제목	텍스트
주관부서	텍스트
대상	텍스트
장소	텍스트
내용	텍스트

▶ 계획번호는 일련번호 형식

② 일정관리 열기화면으로 일정들을 확인할 수 있다.

계획‹	일자	시간	제목	주관부서	대상	장소	내용
49	2013-08-12	10:30	월드컵 자죽	총무기획부	전직원	대강당	월드컵 자죽 노래 대회
50	2013-08-13	15:30	미래 통신	기술부	연구원	연구1실	미래 통신 기술에 관한 토의
51	2013-08-15	15:00	인터넷 ERP	기술부	연구원	연구2실	향후 주도할 ERP 연구 계획
52	2013-09-02	10:00	생산증대	생산부	생산부	제1공장	새해 10% 생산 증가회의
53	2013-09-02	15:00	영업부	영업부	영업부	대회의실	고객들에게 새해 연하장 발송간
54	2013-09-02	15:30	내년 연구7	연구부	전 연구원	기획전략	내년 연구계획 발표및 검토
56	2013-09-13	12:00	신체검사	총무기획부	전직원	강당	정기 신체 검삭
57	2013-09-19	10:30	추석 행사	총무기획부	전직원	운동장	추석을 맞이하여 전직원 체육[
58	2013-09-24	15:30	Test	영업부	test	test	test
59	2013-09-25	18:40	연말 생산증	기술부	생산직원	대강당	업계 최대 생산량 달성

▶ 일정관리 열기화면

2. 스마트게시판폼

2.1 스마트게시판폼 작성

① 새프로젝트화면에서 이름을 스마트게시판으로 입력한다.

▶ 새프로젝트화면에서 이름을 스마트게시판으로 입력

② 도구상자에서 일정들을 표시할 수 있도록 테이블을 끌어와 폼에 위치시킨 후, 이름을 게시판으로 지정한다.

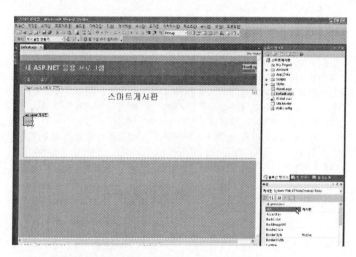

▶ 테이블을 끌어와 폼에 위치시킨 후, 이름을 게시판으로 지정

③ 속성창에서 .Rows난을 클릭하여 TableRow컬렉션편집기창을 호출한다.

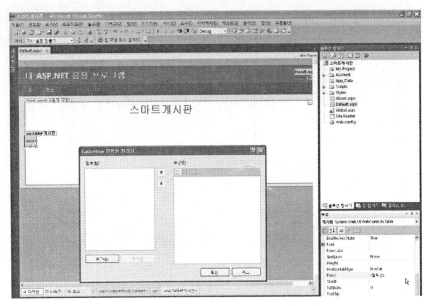

▶ TableRow컬렉션편집기창을 호출

④ TableRow컬렉션편집기창에서 추가버튼을 클릭하여 멤버창에 TableRow를 나타낸다.

▶ TableRow컬렉션편집기창에서 추가버튼을 클릭

⑤ TableRow를 더블클릭하여 TableCell 컬렉션편집기창을 표시한다.

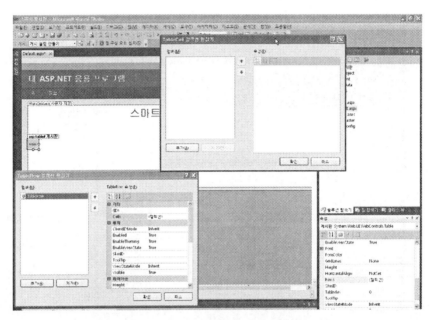

▶ TableCell 컬렉션편집기창을 표시

⑥ TableCell 컬렉션편집기창에서 추가버튼을 클릭하여 멤버창에 TableCell 을 표시한다.

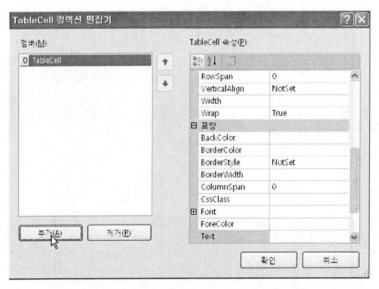

▶ TableCell 컬렉션편집기창에서 추가버튼을 클릭

⑦ Text속성창에 계획번호를 입력한다.

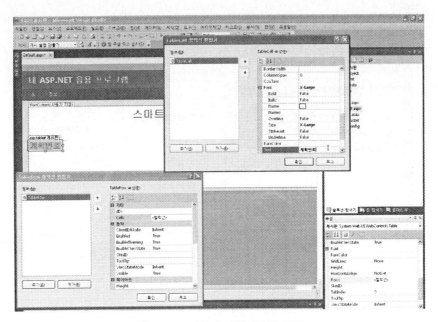

▶ Text속성창에 계획번호를 입력

⑧ 추가버튼을 클릭하여 TableCell을 하나 더 만든 후, Text속성을 이용하여 주관부서 를 입력한다.

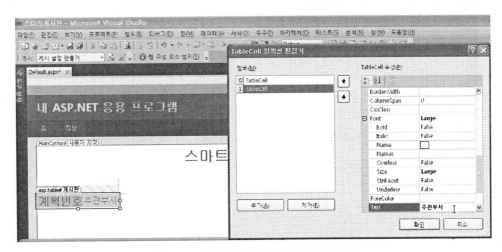

▶ Text속성을 이용하여 주관부서를 입력

⑨ 추가버튼을 클릭하여 TableCell을 하나 더 만든 후, Text속성을 이용하여 제목을 입력한다.

▶ Text속성을 이용하여 제목을 입력

⑩ HorizoneAlign속성을 Center로 지정하여 필드제목을 중앙으로 위치시킬 수 있다.

▶ HorizoneAlign속성을 Center로 지정하여 필드제목을 중앙으로 위치

⑪ Table의 필드명들을 완성시킨화면이다.

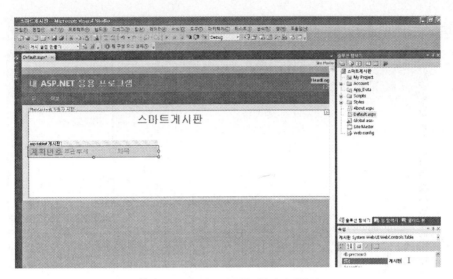

▶ Table의 필드명들을 완성시킨화면

⑫ 도구상자에서 일자관련 값을 쉽게 처리할 수 있는 Calendar컨트롤을 선택한다.

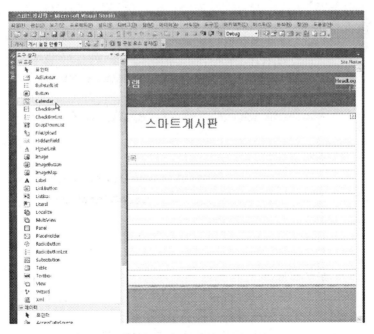

▶ Calendar컨트롤을 선택

⑬ 칼렌다를 폼에 위치시킨 화면이다.

▶ 칼렌다를 폼에 위치시킨 화면

⑭ 칼렌다컨트롤의 〉버튼을 클릭하여 자동서식을 클릭하여 자동서식창을 호출한다.

▶ 자동서식을 클릭하여 자동서식창을 호출

⑮ 칼렌다를 다른 모양으로 변형할 수 있으며 폼에 적당한 형을 선택한다.

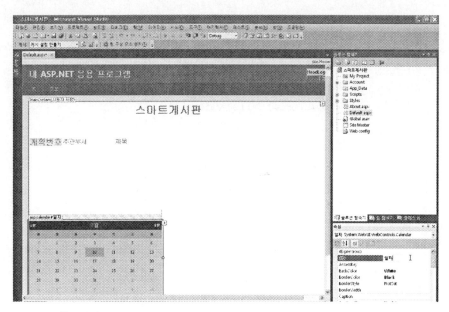

　　▶ 칼렌다를 다른 모양으로 변형할 수 있으며 폼에 적당한 형을 선택

2.2 스마트게시판폼 프로그램

① strsql = "select 계획번호, 주관부서, 제목 from 일정관리 "

strsql = strsql & " where 일자 = #" & 일자.SelectedDate & "#"

rs.Open(strsql)

　칼렌다컨트롤에서 선택한 일자의 계획번호, 주관부서, 제목을 검색한다.

② For i = 0 To 2

```
        Dim cell As New TableCell

        If i = 0 Then

            Dim 계획번호 As New HyperLink
            cell.Controls.Add(계획번호)
            '
            ' 계획번호를 클릭하면 상세일정폼을 호출하면서
```

```
                      ' 계획번호를 넘긴다.

                      계획번호.Text = rs.Fields(i).Value
                      계획번호. NavigateUrl = "상세일정.aspx?계획번호= " & 계획번
                               호.Text

                      tablerow.Cells.Add(cell)

                 Else
                      cell.Text = rs.Fields(i).Value
                      tablerow.Cells.Add(cell)
                 End If

           Next
```

게시판테이블에 하나의 일정에 대한 필드들을 작성한다.

③ 계획번호.NavigateUrl = "상세일정.aspx?계획번호= " & 계획번호.Text

계획번호를 클릭하면 상세일정폼을 호출하면서 계획번호를 넘긴다.

프로그램 🔍 | 스마트게시판 프로그램

```
Public Class _Default
    Inherits System.Web.UI.Page

    Dim cn As ADODB.Connection
    Dim rs As ADODB.Recordset

    Dim i As Integer

    Dim strsql As String

'''''''''''''''''''''''''''''''''''''''''''''''''''''''''''''''''''''''''''
    '  프로그램 : 스마트게시판
    '
    '  설    명 : 1. 칼렌다컨트롤에서 일자를 클릭하면
    '               해당일자의 일정들을 케시판테이블에 하나하나 표시한다.
```

```
'                    '
'  작성일자  : 2013년 7월 5일
'
'  수정일자  : 2013년 11월 9일
'
'  테이블    : 스마트게시판.accdb - 일정관리테이블
'
'  서브폼    : 상세일정.aspx
''' '''''''''''''''''''''''''''''''''''''''''''''''''''''''''''''''''


Protected Sub Page_Load(ByVal sender As Object, ByVal e As System. EventArgs)
Handles Me.Load
      cn = New ADODB.Connection
      cn.Open("Provider=Microsoft.ACE.OLEDB.12.0;Data  Source=d:\ASP2010
\데이터베이스\스마트게시판.accdb")

      rs = New ADODB.Recordset
      rs.ActiveConnection = cn

      If Not Page.IsPostBack Then      '페이지가 처음 요청될 때만 실행
          strsql = "select 계획번호, 주관부서, 제목 from 일정관리 "
          strsql = strsql & " where 일자 = #" & Now.ToShortDateString & "#"

          rs.Open(strsql)

          If rs.EOF And rs.BOF Then

          Else

              rs.MoveFirst()

              Do Until rs.EOF

                  Dim tablerow As New TableRow

                  For i = 0 To 2
                      Dim cell As New TableCell
```

```
                If i = 0 Then

                    Dim 계획번호 As New HyperLink
                    cell.Controls.Add(계획번호)

                    ' 계획번호를 클릭하면 상세일정폼을 호출하면서
                    ' 계획번호를 넘긴다.

                    계획번호.Text = rs.Fields(i).Value
                    계획번호.NavigateUrl = "상세일정.aspx?계획번호= " & 계
                            획번호.Text

                    tablerow.Cells.Add(cell)

                Else
                    cell.Text = rs.Fields(i).Value
                    tablerow.Cells.Add(cell)
                End If

            Next

            게시판.Rows.Add(tablerow)
            rs.MoveNext()

        Loop

    End If

    rs.Close()
  End If
End Sub

Protected Sub 일자_SelectionChanged(sender As Object, e As EventArgs)
Handles 일자.SelectionChanged

    ' 칼렌다컨트롤에서 일자를 클릭하면 해당일자의 일정을 검색하여
    ' 게시판테이블에 표시한다.
```

```
'
strsql = "select 계획번호, 주관부서, 제목 from 일정관리 "
strsql = strsql & " where 일자 = #" & 일자.SelectedDate & "#"

rs.Open(strsql)

If rs.EOF And rs.BOF Then

Else

    rs.MoveFirst()

    Do Until rs.EOF

        Dim tablerow As New TableRow

        For i = 0 To 2
            Dim cell As New TableCell

            If i = 0 Then

                Dim 계획번호 As New HyperLink
                cell.Controls.Add(계획번호)
                '
                ' 계획번호를 클릭하면 상세일정폼을 호출하면서
                ' 계획번호를 넘긴다.

                계획번호.Text = rs.Fields(i).Value
                계획번호.NavigateUrl = "상세일정.aspx?계획번호= " & 계획번
                        호.Text

                tablerow.Cells.Add(cell)

            Else
                cell.Text = rs.Fields(i).Value
                tablerow.Cells.Add(cell)
            End If
```

```
            Next

            게시판.Rows.Add(tablerow)
            rs.MoveNext()

        Loop

     End If

     rs.Close()

    End Sub
End Class
```

2.3 스마트게시판폼 실행

① 칼렌다컨트롤에서 7월 10일을 선택하면 게시판테이블을 통하여 해당 날짜의 월드컵
   자축행사와 미래통신기술일정을 보여준다.

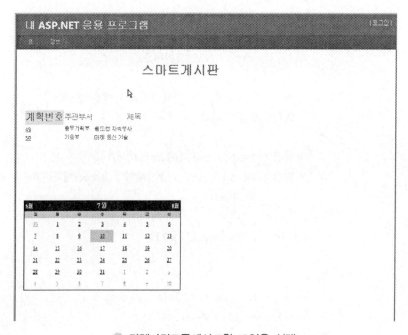

▶ 칼렌다컨트롤에서 7월 10일을 선택

② 7월 12일을 클릭하면 해당일자에는 일정이 없음을 표시한다.

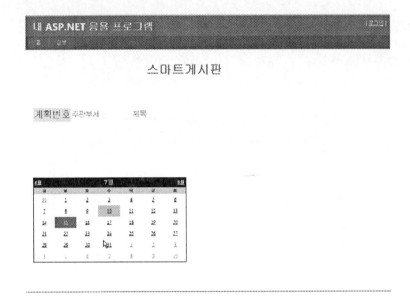

▶ 7월 12일을 클릭하면 해당일자에는 일정이 없음을 표시

③ 8월 15일의 인터넷CEO연구 일정을 보여준다.

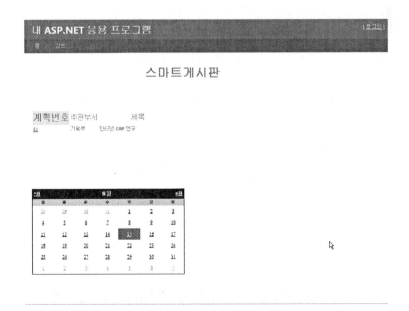

▶ 8월 15일의 인터넷CEO연구 일정

3. 상세일정폼

3.1 상세일정폼 작성

일정을 자세하게 표시할 수 있는 상세일정폼을 작성해보자.

① 새 폼을 작성하기 위해서는 프로젝트-새 항목추가를 클릭한다.

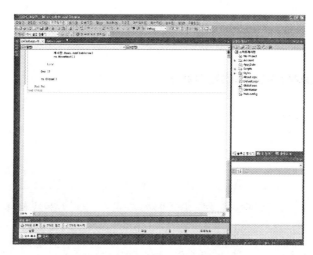

▶ 프로젝트-새 항목추가를 클릭

② 새 항목추가창에서 웹-웹폼을 선택한 후, 이름난에 상세일정.aspx를 입력한 후, 추가버튼을 클릭한다.

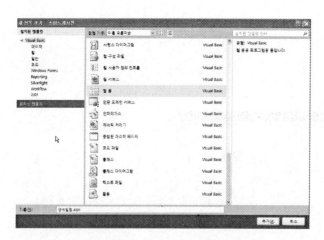

▶ 새 항목추가창에서 웹-웹폼을 선택한 후, 이름난에 상세일정.aspx를 입력

③ 솔루션탐색기창에 상세일정.aspx가 만들어진 것을 확인할 수 있다.

▶ 솔루션탐색기창에 상세일정.aspx가 만들어진 것을 확인

④ 레이블을 이용하여 상세일정을 표시할 수 있는 상세일정폼을 작성한다.

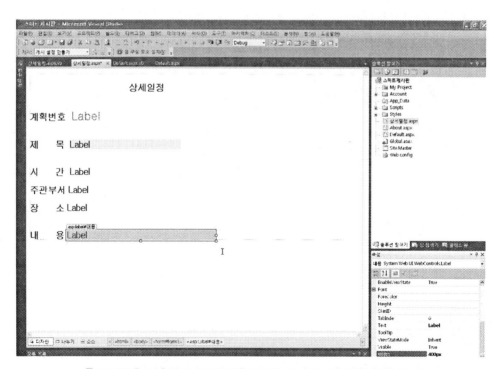

▶ 레이블을 이용하여 상세일정을 표시할 수 있는 상세일정폼을 작성

3.2 상세일정폼 프로그램

① sch_no = Request.QueryString("계획번호")

　　메인폼으로부터 계획번호를 넘겨받는다.

② strsql = "select * from 일정관리 "

　　strsql = strsql & " where 계획번호 = " & sch_no

　　rs.Open(strsql)

　　넘겨받은 계획번호를 이용하여 해당일정을 검색한다.

프로그램 Q | 상세일정 프로그램

```
Public Class 상세일정
    Inherits System.Web.UI.Page

    Dim cn As ADODB.Connection
    Dim rs As ADODB.Recordset

    Dim strsql As String

'''''''''''''''''''''''''''''''''''''''''''''''''''''''''''''''''''''
    '  프로그램  :  상세일정
    '
    '  설    명 : 1. 메인폼에서 계획번호를 넘겨받아 해당번호의 일정을
    '                검색하여 상세일정폼에 표시한다.
    '
    '  작성일자 : 2013년  7월  5일
    '
    '  수정일자 : 2013년 11월  9일
    '
    '  테이블   : 스마트게시판.accdb - 일정관리테이블
'''''''''''''''''''''''''''''''''''''''''''''''''''''''''''''''''''''
    Protected Sub Page_Load(ByVal sender As Object, ByVal e As System. EventArgs)
Handles Me.Load
        '
        ' 메인폼에서 계획번호를 넘겨 받아 해당 계획번호의 일정을
```

```
' 검색하여 상세일정폼에 표시한다.
'
cn = New ADODB.Connection
cn.Open("Provider=Microsoft.ACE.OLEDB.12.0;Data  Source=d:\ASP2010
\데이터베이스\스마트게시판.accdb")

rs = New ADODB.Recordset
rs.ActiveConnection = cn

sch_no = Request.QueryString("계획번호")

strsql = "select * from 일정관리 "
strsql = strsql & " where  계획번호 = " & sch_no

rs.Open(strsql)

계획번호.Text = rs.Fields!계획번호.Value
제목.Text = rs.Fields!제목.Value
시간.Text = rs.Fields!시간.Value
주관부서.Text = rs.Fields!주관부서.Value
장소.Text = rs.Fields!장소.Value
내용.Text = rs.Fields!내용.Value

    End Sub


End Class
```

도움말 상세일정폼에서는 따로 동작하는 프러시저 프로그램이 없고 폼이 호출되면서 동작하는 Page_Load() 프러시저만 있다. 즉 폼이 호출되면서 프로그램이 동작하여 해당 일정에 대한 상세일정을 폼에 표시한다.

3.3 상세일정폼 실행

① 스마트게시판 초기화면이다.

▶ 스마트게시판 초기화면

② 9월 2일을 클릭하면 생산증대, 영업부, 내년연구계획발표등의 일정을 확인할 수 있다. 내년연구계획인 54를 클릭한다.

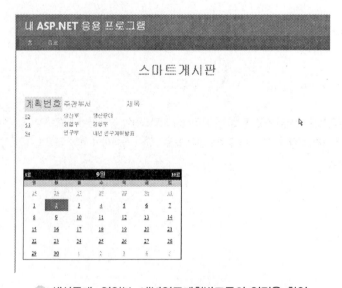

▶ 생산증대, 영업부, 내년연구계획발표등의 일정을 확인

③ 상세일정폼을 호출하여 내년연구계획의 상세일정을 확인할 수 있다.

상세일정

계획번호 54

제 목 내년 연구계획발표

시 간 오후 3:30:00

주관부서 연구부

장 소 기획전략식

내 용 내년 연구계획 발표및 검토

▶ 내년연구계획의 상세일정을 확인

④ 9월 13일을 클릭하면 신체검사일정을 확인할 수 있다.

▶ 9월 13일을 클릭하면 신체검사일정을 확인

⑤ 신체검사의 상세일정을 확인할 수 있다.

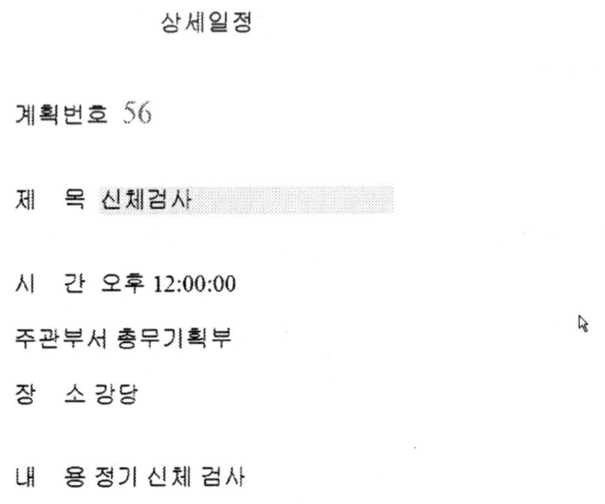

상세일정

계획번호 56

제   목 신체검사

시   간 오후 12:00:00

주관부서 총무기획부

장   소 강당

내   용 정기 신체 검사

▶ 신체검사의 상세일정을 확인

대분류에서 병원을 클릭하면 병원소분류GridView를 표시한다. 병원소분류에서 소아과
의 선택을 클릭하면 상가표GridView를 호출하면서 소아과정보를 보여준다.

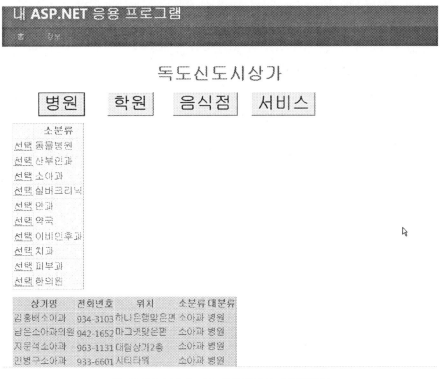

▶ 상가표GridView를 호출하면서 소아과정보

주요점

1. GridView컨트롤

2. OLEDB 사용

3. cn = New OleDb.OleDbConnection( )

4. Dim cmd As New OleDb.OleDbCommand(strsql, cn)
   Dim reader As OleDb.OleDbDataReader
   reader = cmd.ExecuteReader
   소분류.DataSource = reader
   소분류.DataBind( )

5. AutoGenerateSelectButton속성을 True로 지정

6. div = 소분류.SelectedRow.Cells(1).Text
   상가표.Visible = True
   strsql = "select * from 상가 "
   strsql = strsql & " where 소분류 = '" & div & "'"

7. dataadapter.Fill(ds, startno, pagesize, "상가")
   상가표.DataSource = ds.Tables("상가").DefaultView
   상가표.DataBind( )

1. 상가테이블

① 테이블디자인화면에서 상가명, 전화번호, 위치, 소분류, 대분류필드의 상가테이블을 작성한다.

필드 이름	데이터 형식
상가명	텍스트
전화번호	텍스트
위치	텍스트
소분류	텍스트
대분류	텍스트

▶ 상가명, 전화번호, 위치, 소분류, 대분류필드의
상가테이블

② 상가테이블에 상가들의 정보를 입력한다.

상가명	전화번호	위치	소분류	대분류
홍류방	936-5766		중국집	음식점
으뜸탕수육	931-0661		탕수육	음식점
만나탕수육	943-6950		탕수육	음식점
환타지아치킨	936-9024		치킨	음식점
통통치킨	937-1876		치킨	음식점
푸다닥	961-9282	롯데마트옆	치킨	음식점
이탈리아피자	961-6799		피자	음식점
시카고피자	938-8295		피자	음식점
우리밀피자	936-8295	금곡고교맞은	피자	음식점
태스트	930-0001	마그넷맞은편	단과학원	학원
메트로미술학	933-7676	부산은행	미술학원	학원
참고운치과의	961-7528	부산은행	치과	병원
선진치과	9336-2872		치과	병원
뷔페월드	962-0053		뷔페	음식점
이은정피아노	932-3234	대우리버파크	음악학원	학원
우슈체육관	936-6578	대우리버파크	체육관	학원
전영환한의원	961-7700	화명메디컬센	치과	병원
아름다운이치	941-2875	화명메디컬센	치과	병원
남은소아과	942-1652	화명메디컬센	치과	병원
상화한으원	943-7510	워너스타운	치과	병원
양치과	961-2299	정능빌딩	치과	병원
돈뭉치연탄구	932-0892	정능빌딩	갈비	음식점

▶ 상가테이블에 상가들의 정보를 입력

2. 독도신도시폼

2.1 독도신도시폼 작성

① 새프로젝트창에서 이름난에 독도신도시를 입력한 후, 확인버튼을 클릭한다.

▶ 독도신도시를 입력한 후, 확인버튼을 클릭

② 명령버튼을 이용하야 병원대분류버튼을 작성한다.

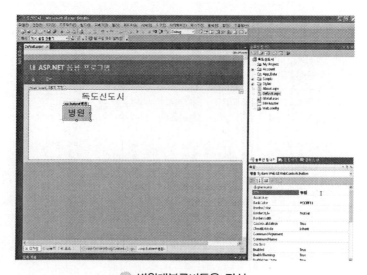

▶ 병원대분류버튼을 작성

③ 같은 방식으로 학원, 음식점, 서비스대분류버튼을 작성한다.

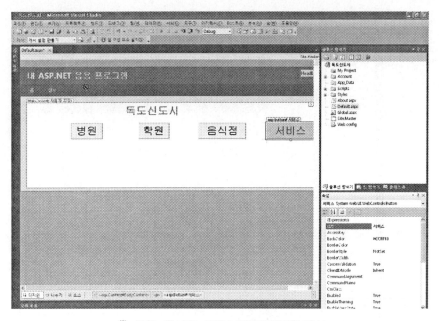

▶ 학원, 음식점, 서비스대분류버튼을 작성

④ 모든 대분류버튼을 클릭하였을 때, 병원_Click() 프러시저가 동작하도록 지정한다.

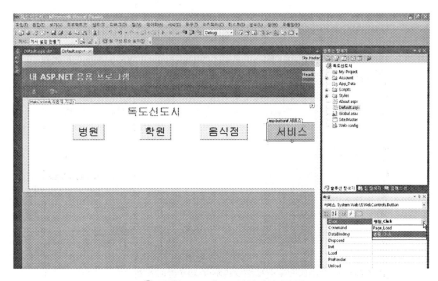

▶ 병원_Click() 프러시저가 동작

⑤ 도구상자에서 GridView를 끌어와 폼에 위치시킨다.

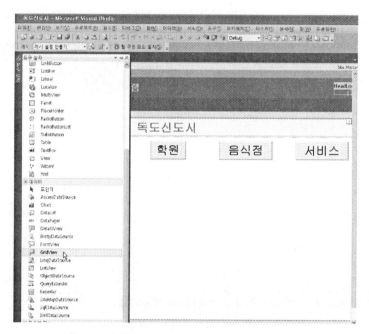

▶ 도구상자에서 GridView를 끌어 와 폼에 위치

⑥ GridView가 폼에 위치한 초기모습이다.

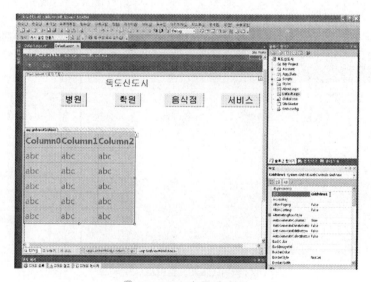

▶ GridView가 폼에 위치

⑦ 이름을 소분류라 지정한다.

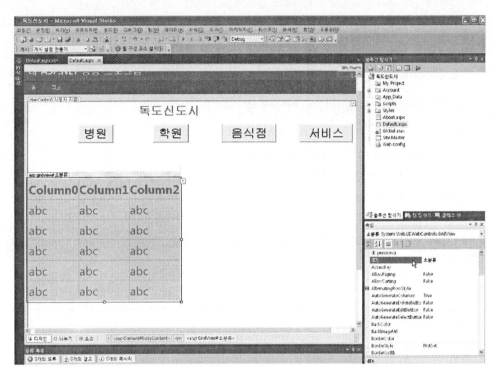

▶ 이름을 소분류라 지정

2.2 독도신도시폼 프로그램

① 이번 프로그램은 OLEDB를 사용한다. 참조-추가를 하지 않아도 된다.

```
Public Class _Default
    Inherits System.Web.UI.Page

    Dim cn As OleDb.OleDbConnection

    Dim i As Integer
    Dim no, pagesize, startno As Integer

    Dim strsql, istring, str As String

    Dim div As String
```

▶ 이번 프로그램은 OLEDB를 사용

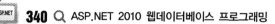

② cn = New OleDb.OleDbConnection("Provider=Microsoft.ACE.OLEDB.12.0;Data
   Source= d:\ASP2010\데이터베이스\신도시.accdb")

   프로그램에서 사용할 데이터베이스를 지정한다.

③ strsql = "select distinct 소분류 from 상가 "

   strsql = strsql & " where 대분류 = '" & SelButton.Text & "'"

   클릭한 대분류의 소분류들을 하나씩 검색한다.

④ Dim cmd As New OleDb.OleDbCommand(strsql, cn)

   Dim reader As OleDb.OleDbDataReader

   reader = cmd.ExecuteReader

   소분류.DataSource = reader

   소분류.DataBind()

   검색한 소분류들을 폼의 소분류GridView에 표시한다.

프로그램 〽️ | 독도신도시 프로그램

```
Public Class _Default
    Inherits System.Web.UI.Page

    Dim cn As OleDb.OleDbConnection

    Dim i As Integer
    Dim no, pagesize, startno As Integer

    Dim strsql, istring, str As String

    Dim div As String


'''''''''''''''''''''''''''''''''''''''''''''''''''''''''''''''''''''''''
    '   프로그램  :  독도신도시
    '
    '   설    명  : 1. 대분류명령버튼을 클릭하면 소분류 GridView에
    '                 소분류들을 표시한다.
```

```
'
' 작성일자  : 2013년  7월  5일
' 수정일자  : 2013년 10월  19일
'
' 테이블    : 신도시.accdb - 상가테이블
''' '''''''''''''''''''''''''''''''''''''''''''''''''''''''''''''''''''''''''
Protected Sub Page_Load(ByVal sender As Object, ByVal e As System.
EventArgs) Handles Me.Load

'''''''''''''''''''''''''''''''''''''''''''''''''''''''''''''''''''''''''''''
    ' 데이터베이스 연결

'''''''''''''''''''''''''''''''''''''''''''''''''''''''''''''''''''''''''''''

        cn = New OleDb.OleDbConnection("Provider=Microsoft.ACE.OLEDB.12.0;
Data Source=d:\ASP2010\데이터베이스\신도시.accdb")

        cn.Open()
    End Sub

    Protected Sub 병원_Click(sender As Object, e As EventArgs) Handles 병
원.Click, 학원.Click, 음식점.Click, 서비스.Click

'''''''''''''''''''''''''''''''''''''''''''''''''''''''''''''''''''''''''''''
    ' 대분류명령버튼을 클릭하면 소분류GridView애
    ' 소분류들을 표시한다.

'''''''''''''''''''''''''''''''''''''''''''''''''''''''''''''''''''''''''''''
    Dim SelButton As Button

    SelButton = sender

    strsql = "select distinct 소분류 from 상가 "
    strsql = strsql & " where 대분류 = '" & SelButton.Text & "'"


    Dim cmd As New OleDb.OleDbCommand(strsql, cn)
```

```
        Dim reader As OleDb.OleDbDataReader

        reader = cmd.ExecuteReader

        소분류.DataSource = reader
        소분류.DataBind()

        cn.Close()
    End Sub
End Class
```

2.3 독도신도시폼 실행

① 독도신도시폼 초기화면이다. 병원, 학원등 대분류버튼을 확인할 수 있다.

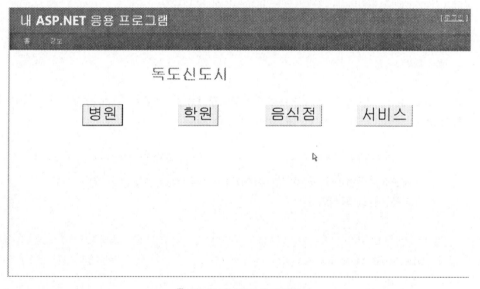

◉ 독도신도시폼 초기화면

② 병원대분류버튼을 클릭하면 소분류GridView에 동물변원, 산부인과등의 소분류들이
표시된다.

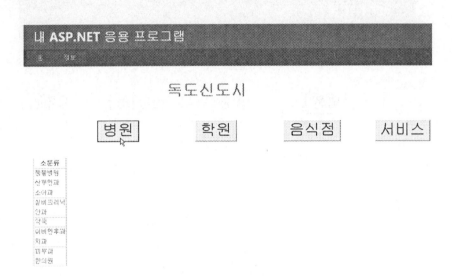

▶ 소분류GridView에 동물변원, 산부인과등의 소분류들이 표시

③ 학원대분류버튼을 클릭하면 논리속독학원, 영어학원 등이 표시된다.

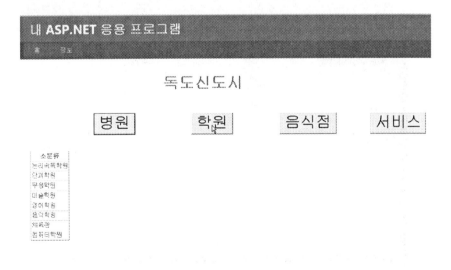

▶ 논리속독학원, 영어학원 등이 표시

④ 음식점대분류버튼을 클릭하면 치킨, 피자, 탕수육등이 표시된다.

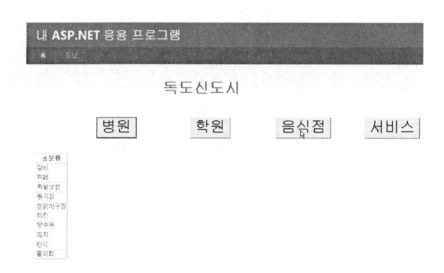

◉ 음식점대분류버튼을 클릭

⑤ 앞에서 글자가 작아서 보기 불편하여 소분류GridView 속성창에서 글자크기와 Back Color속성을 변경한다.

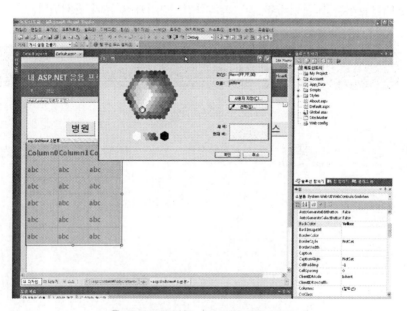

◉ 글자크기와 BackColor속성을 변경

⑥ 병원대분류버튼을 클릭한다.

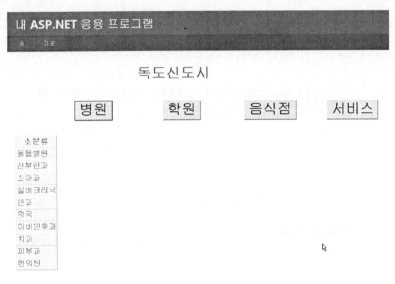

▶ 병원대분류버튼을 클릭

도움말 독도신도시에 등록되어 있는 업체들의 병원소분류항목들이다.

⑦ 서비스대분류버튼을 클릭한다.

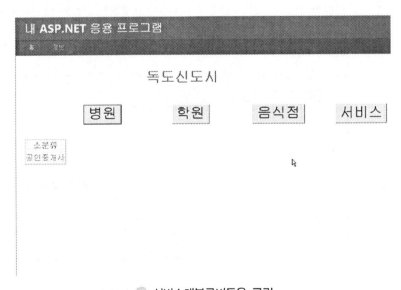

▶ 서비스대분류버튼을 클릭

3. 독도신도시상가폼

3.1 독도신도시상가폼 작성

① 새프로젝트창에서 이름난에 독도신도시상가를 입력한 후, 확인버튼을 클릭한다.

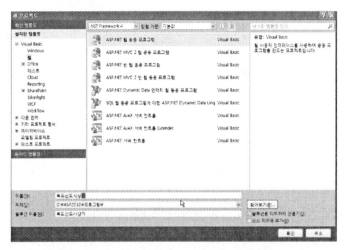

▶ 새프로젝트창에서 이름난에 독도신도시상가를 입력

② 앞의 폼을 복사한 후, 소분류GridView 속성창에서 AutoGenerateSelectButton속성을 True로 지정한다. 그러면 소분류GridView 앞부분에 "선택"이 표시된다.

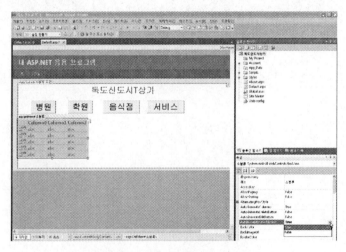

▶ AutoGenerateSelectButton속성을 True

③ 상가정보를 표시할 수 있도록 GridView를 끌어와 폼에 위치시킨다.

▶ 상가정보를 표시할 수 있도록 GridView를 끌어와 폼에 위치

④ 이름을 상가표로 지정한다.

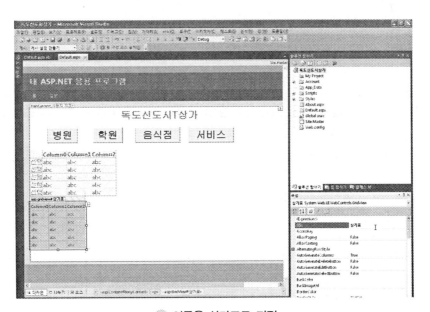

▶ 이름을 상가표로 지정

3.2 독도신도시상가폼 프로그램

① 소분류GridView에서 선택을 클릭하면 동작하는 프러시저이다.

```
Protected Sub 소분류_SelectedIndexChanged(sender As Object, e As EventArgs) Handles 소분류.SelectedIndexChange

End Sub
nd Class
```

▶ 소분류GridView에서 선택을 클릭하면 동작하는 프러시저

② 상가표.Visible = False

대분류명령버튼을 클릭하였을 때 이미 만들어진 상가표GridView를 보이지 않도록 한다.

③ div = 소분류.SelectedRow.Cells(1).Text

```
상가표.Visible = True
strsql = "select * from 상가 "
strsql = strsql & " where 소분류 = '" & div & "'"
```

소분류GridView에서 선택을 클릭하면 해당 소분류의 상가들의 정보를 검색한다.

④ dataadapter.Fill(ds, startno, pagesize, "상가")

```
상가표.DataSource = ds.Tables("상가").DefaultView
상가표.DataBind()
```

검색한 상가정보들을 상가표GridView에 표시한다.

프로그램 🔍 | 독도신도시상가 프로그램

```
Public Class _Default
    Inherits System.Web.UI.Page

    Dim cn As OleDb.OleDbConnection

    Dim i As Integer
    Dim no, pagesize, startno As Integer

    Dim strsql, istring, str As String
```

```
    Dim div As String


'''''''''''''''''''''''''''''''''''''''''''''''''''''''''''''''''''''''''''''''''''
    '   프로그램  : 독도신도시
    '
    '   설     명 : 1. 대분류명령버튼을 클릭하면 소분류 GridView에
    '                  소분류들을 표시한다.
    '
    '   작성일자 : 2013년 7월 5일
    '   수정일자 : 2013년 10월 19일
    '
    '   테이블    : 신도시.accdb - 상가테이블
    ''' ''''''''''''''''''''''''''''''''''''''''''''''''''''''''''''''''''''''''
    Protected SubPage_Load(ByVal sender As Object, ByVal e As System.EventArgs)
Handles Me.Load


''''''''''''''''''''''''''''''''''''''''''''''''''''''''''''''''''''''''''''''''''''
    ' 데이터베이스 연결


''''''''''''''''''''''''''''''''''''''''''''''''''''''''''''''''''''''''''''''''''''

        cn = New OleDb.OleDbConnection("Provider=Microsoft.ACE.OLEDB.12.0;Data
Source=d:\ASP2010\데이터베이스\신도시.accdb")

        cn.Open()

        pagesize = 상가표.PageSize

        startno = 0
    End Sub

    Protected Sub 병원_Click(sender As Object, e As EventArgs) Handles 병원.
Click, 학원.Click, 음식점.Click, 서비스.Click


''''''''''''''''''''''''''''''''''''''''''''''''''''''''''''''''''''''''''''''''
    ' 대분류명령버튼을 클릭하면 소분류GridView에
```

```
        ' 소분류들을 표시한다.

'''''''''''''''''''''''''''''''''''''''''''''''''''''''''''''''''''''''
        Dim SelButton As Button

        SelButton = sender

        strsql = "select distinct 소분류 from 상가 "
        strsql = strsql & " where 대분류 = '" & SelButton.Text & "'"


        Dim cmd As New OleDb.OleDbCommand(strsql, cn)

        Dim reader As OleDb.OleDbDataReader

        reader = cmd.ExecuteReader

        소분류.DataSource = reader
        소분류.DataBind()

        cn.Close()

        상가표.Visible = False

    End Sub

    Protected Sub 소분류_SelectedIndexChanged(sender As Object, e As EventArgs)
Handles 소분류.SelectedIndexChanged
'''''''''''''''''''''''''''''''''''''''''''''''''''''''''''''''''''''
        ' 소분류GridView에서 선택버튼을 클릭하면
        ' 해당소분류상가들의 정보를 상가표GridView에 표시
'''''''''''''''''''''''''''''''''''''''''''''''''''''''''''''''''''''
        div = 소분류.SelectedRow.Cells(1).Text

        상가표.Visible = True

        strsql = "select * from 상가 "
```

```
        strsql = strsql & " where 소분류 = '" & div & "'"

        Dim dataadapter As New OleDb.OleDbDataAdapter(strsql, cn)

        Dim ds As New DataSet

        dataadapter.Fill(ds, startno, pagesize, "상가")

        상가표.DataSource = ds.Tables("상가").DefaultView

        상가표.DataBind()

        cn.Close()
    End Sub
End Class
```

3.3 독도신도시상가폼 실행

① 독도신도시상가폼 초기화면이다.

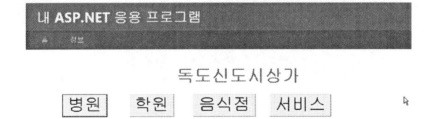

◉ 독도신도시상가폼 초기화면

② 병원대분류버튼을 클릭하면 소분류GridView에 병원소분류들을 표시한다.

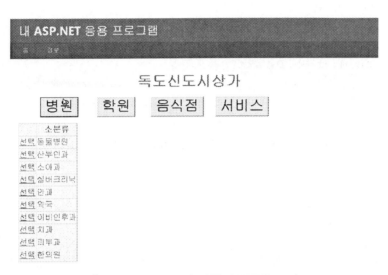

▶ 소분류GridView에 병원소분류들을 표시

③ 소아과의 선택을 클릭하면 상가표GridView를 호출하면서 소아과정보를 보여준다.

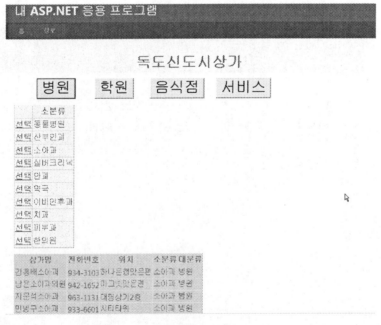

▶ 상가표GridView를 호출하면서 소아과정보

④ 학원대분류버튼을 클릭하면 소분류GridView를 호출하면서 학원소분류를 보여준다. 이 과정에서 상가표GridView는 사라진다.

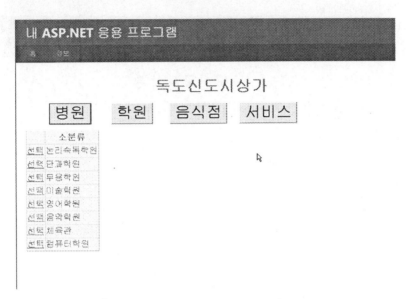

▶ 소분류GridView를 호출하면서 학원소분류

⑤ 음식점대분류버튼을 클릭하면 소분류GridView를 호출하면서 음식점소분류를 보여준다.

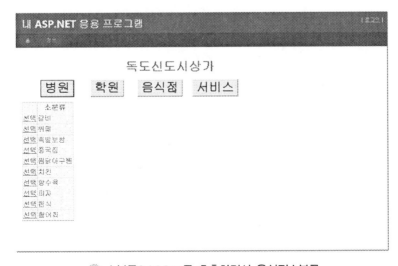

▶ 소분류GridView를 호출하면서 음식점소분류

⑥ 소분류GridView에서 치킨을 선택하면 상가표GridView에 치킨집들의 정보를 보여
준다.

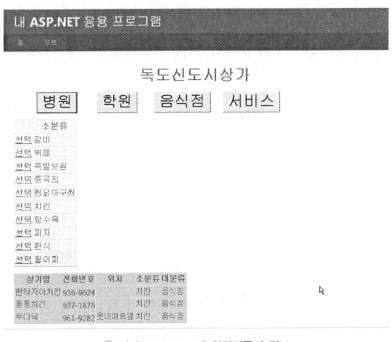

▶ 상가표GridView에 치킨집들의 정보

ASP.NET 2010 웹데이터베이스 프로그래밍

초판 인쇄 2014년 02월 15일
초판 발행 2014년 02월 20일
저   자 조은석
발 행 인 이범만
발 행 처 **21세기사** (제406-00015호)4
경기도 파주시 산남로 72-16 (413-130)
Tel. 031-942-7861   Fax. 031-942-7864
E-mail : 21cbook@naver.com
ISBN 978-89-8468-523-9

정가 21,000원